由日本頂尖球員親自
指導的基本球技！

籃球
完全稱霸

佐古賢一 ◎著　　陳禹昕 ◎譯

　　為了讓更多人了解籃球的樂趣，一直以來我都在全日本各地進行球技的指導。每一次教球，大約都有與100～150位小朋友接觸的機會，而在過程中所累積的許多寶貴經驗，也讓我本身學到了不少。

　　教球的時候，我總是不斷強調一個觀念，那就是——打籃球時最重要的地方就在於「基礎」。在小朋友當中，確實有不少很懂得利用小技巧的球員，但如果沒有紮實的基礎，一旦到了某個階段，就會面臨無法繼續突破的瓶頸。無論這些技巧再怎麼高竿，可以發揮這些技巧的機會，其實只佔了整個比賽中很小的一部分而已。唯有能夠穩穩送出接球球員容易接的球、好好保持身體重心與基本姿勢，正確地熟練這些縱使不起眼、卻是真正價值所在的東西，才是能達到真正的成長所必需的寶藏。

　　這次在製作本書的過程中，最讓我們費心的，其實就是這個部分。為了讓讀者能夠正確地熟練籃球的基本動作，而使用了大量的圖示及詳細的解說。因為本書的製作理念，就是為了讓不論是初學者或是正在摸索自己球風的球員，都能在本書中找到一些對自己具有啟發性的提示。

　　不過即使如此，也還不到100%。因為本書中所寫的技巧，是我在自己的籃球生涯中所學到的經驗，因此還需要讀者在其中加入自己的想法，找出更適合自己的身體或風格的理論，並將這樣的理論完全地內化為自己的東西，這樣本書對你才能真正發揮到100%的功能。只要穩紮穩打地經過不斷的練習，接下來就只管朝著自己的夢想與目標邁進了。希望閱讀本書過後，能讓你成為足以背負未來籃球界的閃亮新星。

佐古賢一

3章 ## 運球 DRIBBLE

4章 ## 投籃 SHOOT

1章

入門篇
FOR BEGINNER

日本籃球界的至寶

佐古賢一（隸屬愛信精機）

⚫ 第一次接觸籃球，是在我小學 3 年級的時候

我是在小學 3 年級的時候開始打籃球的。其實在這之前，諸如足球、空手道、棒球等各類運動，我都略有涉獵，不過或許是因為我有一個愛打籃球的父親吧！受到他的影響，從此開啟了我的籃球之路。因為當時我還只是個孩子，並沒有意識到籃球有什麼特別的魅力，只因為最能讓我得到父親肯定、最有機會接受父親指導的運動就屬籃球了。不過，在開始打球以後，也漸漸開始懂得它的樂趣。就從那時起，心中那個「想成為最強的球員」的夢想也漸漸成形，等我回過神來的時候已經無法抽身了。當時的我，一心只為了追求更高的境界而拚命練習。

Profile

生於1970年7月17日。日本橫濱市出身。就讀北陸高中時達成稱霸全日本的戰績。經歷中央大學，進入五十鈴汽車球隊。在JBL擁有許多輝煌的戰績，在全日本綜合錦標賽也以主將的地位大放異彩。2002年轉入愛信精機球隊。堪稱全亞洲第一的控球後衛。

⚫ 整天從早到晚都與球為伍的少年時代

剛加入社團的時候，只能做些用不到籃框的練習。所以只好在社團活動以外利用可以獨佔籃框的時間，來做一些投籃或控球的練習。那時候還真的是整天從早到晚都在打球呢！我想當時的練習與我現在的運球和控球能力等都有很深的影響。

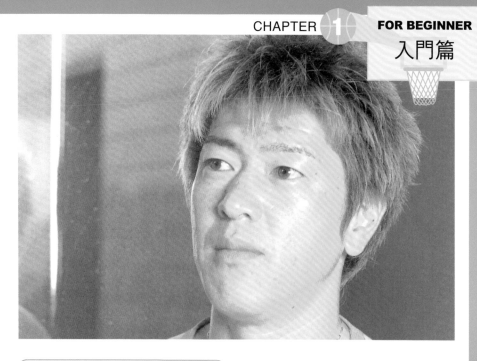

● 籃球最重要的部分
　就在於基礎！

　　在我過往的籃球生涯中，每當被問到「你覺得籃球中最重要的是什麼？」時，我都會回答：「基礎。」不論再怎麼精於技巧，技巧的運用畢竟只佔了整個比賽中的小部分而已。所以說，確確實實地進行基礎的練習、培養自己的身體能力，是籃球中非常重要的一環；而在目標的設定上，與其跟別人一較高下、一心求勝，不如力圖將自己所能做到的事盡力做到最好。過去也有人告訴過我，某某人是我的競爭對手；但結果我發現，如果跟別人做一樣的事，是無法超越對方的。而我也深深感覺到，相信自己的直覺並貫徹自己的路，是能讓人成為頂尖球員的最大關鍵。所以我希望在閱讀本書後，能幫助年輕人們成為更好的球員，也希望讀者能夠從中選擇自己想學的打法和技巧，慢慢地調整成屬於你自己的球風。而如果能讓你比現在更喜歡籃球，那就再好不過了。

籃球的基礎知識─1

籃球的歷史

POINT 先從籃球的起源與歷史開始學起！

籃球是由一名加拿大人所發明的

　　1891年，在美國麻薩諸塞州的YMCA（基督青年會）擔任講師的加拿大人詹姆斯·奈史密斯，為了開發出在冬天也能在室內從事的新運動，於是便促成了籃球的誕生。據說當時的籃框用的是採收桃子的桃籃，並且是以9人制來進行比賽的。

籃球在日本的歷史竟然意外地古老？

　　在國際YMCA訓練學校首次進行籃球運動不久後的1908年，於該校留學的大森兵藏在回國後，便將這項新型態的競賽引進了日本。在這之後的1914年，美國人F·H·布朗

籃球的創始者──詹姆斯·奈史密斯。

籃球運動在當時為9人制。

為了視察日本YMCA而來到日本，為籃球的組織化打下了基礎。甚至在1921年舉辦了第1屆的全國大賽。後來更被採用為學校體育的教材，籃球運動也因此急速地發展起來。

世界首度舉辦籃球比賽的球場。

Photo：HULTON / gettyimages / AFLO

主要的團體、協會

●FIBA（國際籃球總會）

是於1932年成立的國際性的籃球總會。總部位於瑞士日內瓦，每4年主辦1次世界錦標賽。

●JABBA（日本籃球協會）

日本的籃球總會。是JBL等日本聯盟組織的直轄機關，負責推動加盟團體等活動的振興。

●NBA

於1946年成立的北美職籃協會。共有30支球隊，分屬東西2個聯盟；而各聯盟又分為3個賽區，每個賽區有5支球隊進行比賽。是世界最頂尖的職籃聯盟。

●JBL（日本籃球聯盟）

於1967年成立的日本國內聯盟。自2007年10月開始，在眾人的期待下預計升格為職業級的新聯盟。

孕育出如魔術強森、麥可喬丹等許多明星球員的NBA，堪稱為最強的職籃聯盟，其中可見許多如超人一般精湛的球技，風靡全世界的球迷。

Photo：NBAE / gettyimages / AFLO

國際大賽的介紹

2006年8月～9月於日本舉辦而蔚為話題的世界盃錦標賽，是每4年舉辦1次的國際大賽，能夠決定全世界加盟FIBA的212個國家、地區中，由誰勇奪男子籃球世界第一的寶座。此外，籃球也從1936年的柏林奧運開始正式納入奧運的比賽項目，FIBA並於1989年決議讓職業選手也可以參加國際賽事，因此這項比賽也決定了誰才是真正世界第一的王者。

2006年「世界盃錦標賽」，最後以西班牙代表隊的優勝畫下句點。

Photo：YUTAKA / AFLO Sports

球場、籃球的名稱

籃球的基礎知識—2

POINT ▶ 不可不知的基本知識

標準規格的球場

▨ 罰球區　■ 三分投籃區域　■ 限制區域　■ 兩分投籃區域

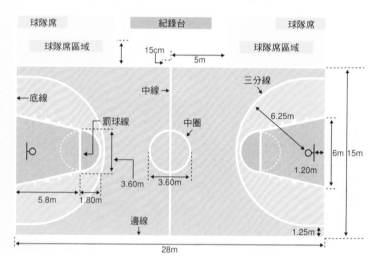

球隊席　　　　紀錄台　　　　球隊席

球隊席區域　　　15cm　　　球隊席區域

5m

三分線

←底線

中線→

6.25m

罰球線

中圈

6m｜15m

1.20m

3.60m　　　3.60m

5.8m　1.80m

邊線

1.25m

28m

🏀 球場

　　標準規格的球場是一個長28公尺、寬15公尺的長方形，長邊的線稱邊線，寬邊的線稱底線。距離底線5.8公尺的位置為罰球線，罰球線外圍有一個直徑3.6公尺的圓。從底線中央往左右各延伸3公尺的點與罰球線兩端連起來的2直線內的範圍，稱為限制區域（又稱禁區）；而球場中央有一個直徑3.6公尺的圓，稱為中圈。

🏀 FIBA與NBA的不同

　　總決國際通用基準的FIBA與籃球最高殿堂的NBA之間，在規則上其實存在著一些微妙的不同。除了比賽時間和暫停次數不一樣，NBA還有許多獨有的規則，甚至對球場的規定也有一些微妙的差異。NBA的底線、邊線都比FIBA規定的來得更長，而且禁區是長方形的；由於NBA的三分線比平行於邊線所延長的弧度距離更遠，所以距離籃框也比較遠。

籃框&籃板

籃板的設置必須與底線平行，並設在自底線內緣算起距離1.2公尺的位置，以及自地面起算距離籃板下緣2.9公尺的高度上。而籃框要在寬1.05公尺、長1.8公尺的籃板中央，水平地設在距離地面3.05公尺的高度上。籃框為鋼鐵製，粗1.6～2.0公分，以橘色上色，內徑一概為45公分。籃框與籃板的距離最近的部分規定為15公分，籃網使用白色的線繩構成，在安裝於籃框的狀態下，長度一概為40～45公分。

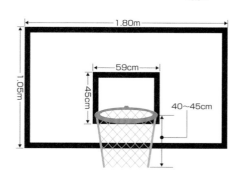

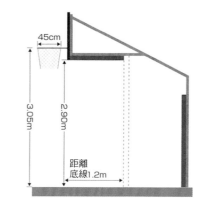

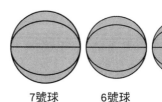

7號球	6號球	5號球
高中以上男籃	女籃、國中	國小
圓周74.9cm～78cm	圓周72.4cm～73.7cm	圓周69cm～71cm
重量567g～650g	重量510g～567g	重量470g～500g

籃球

籃球的尺寸共有5～7號球這3種規格，高中以上的男籃使用的是圓周74.9～78公分、重567～650公克的7號球。為籃球充氣時，必須將球充到從1.8公尺的高度拋下時，能夠回彈至1.2～1.4公尺高的程度。

籃球的基礎 知識—3

基本動作的要素

POINT 籃球的動作大致可分為4個要素

傳球

趁隊友在有利的位置與情況下，將球送到隊友手上，這就是傳球。有時可能只要一記傳球，就能扭轉整個比賽的局勢，或是讓球隊的行動具有整體感，因此平常在練習時，就必須致力於訓練出兼顧速度與準確度的傳球能力，這點非常重要。

運球

唯一能在持球時移動的辦法就是運球。運球時需要的，是在注意週遭狀況的同時，能夠眼睛不看球又能變幻自如的控球能力。平常就要花時間與球接觸、進行個人的練習，以提高本身的運球力。

投球

籃球的最終目標就在於投籃進球。相較於其他的
運動，籃球投籃取分的機會比較多，所以只要能
量產出準確的投籃，就等於握有邁向勝利的鑰
匙。為了提升投籃的成功率，每天反覆的練習是
必需的。

籃板球

當球沒有進籃時，跳起來搶球的動作就是籃板
球。在一場比賽中，投球進籃的成功率並非
100%，因此該怎麼比對手更快搶下掉出籃框的
球，就成了提升球隊得分力的一個重要的關鍵。

籃球的基礎 知識—4	**位置的介紹**

POINT ▶ 認識每個位置的功能與角色

⬤ 「位置」是什麼？

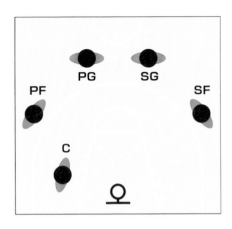

　　雖然在籃球運動中，每隊各有5名球員，但並不是要這5個人亂無章法地追著球跑。既然是團隊運動，自然有不同的角色需要分擔。認識各個位置的特性，了解能夠發揮個人特色的位置，在球力的提升上是一個很重要的關鍵。

⬤ 控球後衛（PG）

　　控球後衛是一個堪稱為全隊核心角色的位置。除了必須策動攻擊、正確地間接助攻傳球之外，還必須冷靜地判斷全隊行動的走勢，同時引導隊友發揮出自己的特長。由於也必須對團隊戰術有充分的了解，所以經常被稱為是「場上的教練」。此外，不只是傳球能力，為了能掌控全局，也要求要有帶球突破、有效擊破對手空檔的射籃能力。因此，控球後衛是一個不論是視野的廣度、洞察力、持球力，所有的面向都必須具備高度素質的位置。

⬤ 得分後衛（SG）

　　相較於控球後衛，得分後衛是一個與攻籃比較有直接關係的位置，必須能發揮出快速的切入能力以及長射的準確度。如果要論哪一型的球員適合擔任這個位置，通常是全方位型的球員，或是擅長三分球的「射手型」球員比較能夠勝任。在現代的籃球中，得分後衛幾乎可以稱得上是明星球員的位置。

中鋒（C）

基本上，中鋒是一個以籃下的攻防為主的位置。比起傳球或運球的能力，更要求射籃的確實性及高度的籃板能力。而由於經常要進行籃下的肉搏戰，身體的強度、身高的高度與彈跳力等，都被視為是中鋒所必需的條件。

大前鋒（PF）

大前鋒是一個負責扮演球隊攻擊中心的位置。與中鋒同樣具有鞏固禁區的定位，需要切入防守方內部，並在籃下接應傳球、出手投籃。雖然也可以從外部出手攻擊，但基本上經常要深入內部進行攻防，因此大前鋒相當要求身體的強度及籃板能力。此外，也必須具備強大的 1 對 1 能力，才能壓倒對手。不只要重於攻擊，還要能均衡地兼顧防守能力，是大前鋒一個很重要的條件。

小前鋒（SF）

小前鋒主要是擔任從敵隊外部進行攻擊的角色。但有時候也可能需要深入敵陣，因此速度與力量的平衡是必要條件。此外，也相當要求高度的防守能力，成為萬能型的球員是小前鋒一個很重要的條件。

**首先要分析自己的特質
與特長所適合的打法！**

每一個位置都有不同的功能與特性，而最重要的，是要先了解自己適合打什麼位置。如果身材高大、擅長射籃，就適合打中鋒；視野寬廣、洞察力佳，就適合打控球後衛……就像這樣，可以透過自我分析或隊友的意見，判斷自己所擅長的領域。

佐古選手堪稱是亞洲最佳的控球後衛。這樣的成績，都是他能將正確而足以扭轉局勢的傳球，以及冷靜的判斷力等自我能力善加運用，並發揮到極致而得到的成果。

少年時代崇拜的名球員列傳

對我來說，偶像球員們的打法就是最好的範本

① 魔術強森

　　在我小學的時候，我最崇拜的球員就是魔術強森了。因為崇拜強森，而經常模仿他的背後運球等動作。在當時，NBA的影片還沒有那麼大量地被引進，只記得是偶然從朋友那邊借到了湖人隊比賽的錄影帶。魔術強森讓我印象尤為深刻的一球，是他在某一場比賽只剩最後幾秒鐘時，他接到球後就立刻帶球突破，同時防守方的球員也上前搶球，這時魔術強森利用背後運球，咻地一下就閃身過人，這一幕讓我大為驚嘆。而且強森總是給人一副腰桿直挺的印象，讓我也開始跟著模仿，經常注意自己有沒有挺直腰桿。有崇拜的球員可以作為自己模仿的對象，真的是太好了。

② 以賽亞・湯馬斯

　　到了中學的時候，我開始崇拜為活塞隊打下黃金時代的以賽亞・湯馬斯。第一次看到他出神入化的運球時，令我深受震撼。於是我同樣不斷地練習，讓自己練到可以模仿出他的動作，並在心裡暗自決定「一定要在比賽中使出這招！」但當時做出這種詭譎多變的運球動作時，卻惹得老師非常生氣。要是成功倒還沒關係，但如果失敗，可就要等著被訓一頓了。

③ 約翰・史托克頓

　　在我小時候影響我最深的是魔術強森，而到了青少年階段以後，給我最多刺激與啟發的，則是爵士隊的約翰・史托克頓。他乍看下只是個不起眼的控球後衛，然而在打球時對比賽節奏的掌握卻十分巧妙。即使在一群高大的球員們當中，史托克頓也不會以自我本位的能力表現自己，而是配合周圍球員的節奏來表現自己。這樣的風格很能引起我的共鳴。

　　因為我非常喜歡創新的事物，所以看到這些厲害的球員所展現的球技後，便會透過練習並不斷吸收，這樣的過程讓我非常享受。而且，想在比賽中使出剛練成的新技巧的企圖心，也比別人強上一倍。從小就學著在比賽中不斷挑戰如何勇於表現自己，我想這樣的經歷對我而言或許是很好的幫助。

2章

傳球
PASS

何謂傳球？

傳球是籃球中最基本的基礎。本篇所要介紹的，是學會正確的傳球所需的祕訣。

PASS

　　傳球，是籃球的學習上最基礎的要素。由於籃球這種運動是 5 名球員通力合作的團隊競賽，因此最不可或缺的就是團隊的聯繫性。而扮演聯繫工作中最重要的攻擊角色的，就是傳球。為了使傳球成功，最重要的是確認、預測隊友與對手的位置，並正確地以接球球員好接的方式將球送出去。此外，還必須依照狀況從所有傳球種類的選項中，即時選擇出最適合的傳球。為此，不妨先從各種傳球的基礎開始，依序慢慢學起。

1 ┃ 胸前傳球

　　胸前傳球是比賽中使用率最頻繁的基本傳球技巧。後面會從球的拿法、基本姿勢開始，階段性地解說如何培養正確姿勢的幾個重點。（→24～27頁）

2 ┃ 接應傳球

　　由接球方自發性地上前迎球並接受持球方的傳球，這樣的動作就稱為接應傳球。後面會針對接球時的重點及後續的基本動作進行解說。（→28～29頁）此外，也將針對接應傳球時一個最重要的關

鍵——三重威脅，就它的意義、基本姿勢與實戰中的注意事項等，一併做詳細的解說。（→30～31頁）

3 傳球的種類

後續會針對比賽中使用率比較頻繁的主要傳球種類進行解說，並由佐古選手親自傳授在實戰中容易遇到的問題、正確的姿勢及身體的動作等等現役球員所採用的作法。不妨學會在比賽中針對不同的狀況，讓自己能夠熟練地分別運用各種不同的傳球。（→32～43頁）

4 不可不熟練的進階傳球

作為應用篇，後面將針對背後傳球或餘光傳球這種比較花俏的傳球，解說執行上的重點。（→44～45頁）

5 傳球的練習方法

後面將介紹為了提升傳球技術所需的基本練習方法。像是可以精進接球能力及快速傳球能力的正面傳球，以及練習掌握接應傳球的時間點的三人傳球等，共收錄了4項練習的方法。（→46～47頁）

傳球的基本動作—1 胸前傳球的基本姿勢

POINT ▶ 重心放低，用整個身體向前推

🏀 胸前傳球是最基本的基礎！

　　胸前傳球是最基本的傳球，也就是將球從自己的胸前以雙手將球推送出去。由於控球容易、正確性高，因此在比賽中也經常被使用。基本上，胸前傳球是先持球於胸前再送出傳球，但這個動作有時可能會讓雙肘過度外張，反而無法有效地施力到球上。因此在做胸前持球的動作時，應該儘量以放鬆為優先，讓雙手放在最容易送出傳球的位置就可以了。

●關於基本姿勢

　　基本上，能不能掌握「用整個身體將球推送出去」的感覺是很重要的。腳尖朝接球球員的方向，並在將球送出的同時往前跨出一步；腰部保持在較低位置，同時將重心往前挪，在上半身挺起來的姿勢下將球放出。在出球的瞬間必須運用甩腕的動作，讓指尖朝向接球球員的方向。為了送出有力的傳球，這種重心的移動是不可或缺的。可以利用鏡子檢視自己將球放出後的姿勢，並確認腰部的位置是否正確。

球的拿法

拿球時，應該讓雙手的大拇指與食指構成一個三角形，並從球的斜後側以雙手挾球的方式持球。這時不要將整個手掌貼合在球面上，僅利用10隻手指牢牢地固定球身，就是拿球時的重點所在。

在球上加入旋轉的力量

將球放出的瞬間，利用甩腕的動作為球加入反轉的力量。藉由加入旋轉力，可以保持飛行軌道的穩定，也可以讓接球球員比較容易接。這時不需要刻意將注意力放在手腕上，只要讓自己的雙手自然地採取隨球的動作就可以了。

 ## CHECK!

光靠手的力量投球是不行的！

為了防止傳球遭到敵隊球員的抄截，就必須在傳球時送出快而有力的球。如果要讓球勢更有力量，整個身體的重心移動非常重要，尤其是下半身的力量。如果重心留在後面，自然無法施力到球上，而容易提高傳球的失敗率。

NG

熟練胸前傳球的動作

傳球的
基本動作─2

POINT 確認一連貫的基本動作

1 將球保持在可以讓肩膀、手臂放鬆而不會過度用力的位置。

2 從1的動作開始讓球來到胸前的位置。

3 腳尖朝向接球球員的方向，保持腰部下降、重心放低的姿勢，直接往前跨出一步。

一開始的動作兩肘不要向外張

將球保持在胸前的位置時，要是兩肘沒有內收而外開的話，就無法有效地施力到球上，這一點必須特別注意。

NG

由於胸前傳球是以雙手出球的，因此能夠送出強而有力、正確度高的傳球。基於這個特徵，在實際比賽時，主要是利用於中、短距離的傳球。

但由於是以雙手進行一連串的動作，因此也具有容易被防守方識破的風險，所以必須儘量縮小動作的幅度、迅速地完成動作。

手臂、肩膀不要施加多餘的力氣，以放鬆、自然的姿勢，將球帶到胸前的位置，並配合重心前移的動作將球推出去。腳尖與指尖必須朝向接球球員的方向，並在將球放出的時候，確實地運用甩腕的動作，帶動雙手採取隨球的動作。這時也要確認是否為球加入了旋轉力。

4 將重心移到往前蹬的那一腳，用全身的力量將球推出去。

5 將球放出的瞬間，運用甩腕的動作，為球加上反轉的力量。

6 指尖朝向接球球員的方向，並確實採取隨球的動作。

腳尖朝向接球球員的方向，將重心放在跨出的前腳上！

將球送出的同時做跨步的動作，並確認這時是否有將重心放在跨出的前腳上。只要這一點能做得確實，就能傳出有力量的傳球。

正確地瞄準接球球員胸口的位置

為了讓對方容易接，傳球時應該瞄準接球球員胸口的位置。此外，還必須對移動中的對手預測出下一步的動作，並估計傳球的速度與時機，在一面提防防守方的情況下送出正確的傳球。這些都可以算是所有傳球共通的一個重點。

**接應傳球的
基本動作—1**　# 接應傳球的基本動作

POINT ▷ 上前迎球並接住來球

1 仔細觀察球的動向，移動至容易接球的位置。雙手採取接球的姿勢。

2 在接到球的瞬間，雙肘稍微往後拉，以吸收來球的衝力。

3 接球後，將球穩穩握牢，準備進入下一個動作。

🏀 何謂接應傳球？

　　在實際的比賽中，當遭到防守方阻斷傳球的路線時，如果只是一味地苦等機會，很難達成傳球的動作，因此勢必需要甩開防守方的緊盯防守，移動到無人防守的空檔等容易接球的位置來做接球的動作。而這一連串迎球的動作，就稱為接應傳球。

接球時要有將球吸進來的感覺

基本上，接球時不要用手掌，而是要以指腹去接。此外，在接到球的瞬間應該稍微曲肘，以將球吸進來的感覺緩和球的衝力，就是正確的接球重點。

什麼是跨步停？

跨步停是接應傳球時，使用率最頻繁的基本步法。在行進間接球時，接球後以1步、2步這2拍的節奏急停下來。而在空中接球時，則在第1步著地急停；這時應以腳底支撐全身的重量，讓身體的慣性力停頓下來。這個第1步會被視為中樞的軸心腳，萬一在第2步時第1腳的位置有所偏移，就會造成走步犯規。因此急停時必須掌握住「第1步確實停止、第2步穩住身體」的感覺。

跳停的優點

跳停指的是在接應傳球時起跳，在半空中進行接球。雙腳著地後，藉由曲膝的動作來吸收衝力及身體的慣性力。與跨步停最大的不同，就在於跳停是以雙腳著地的。由於雙腳著地，左右腳都可以視為軸心腳，因此具有不利於對手判讀下一步動向的優點。

1 在空中接球後，於第1步著地急停，並以腳底支撐體重，將身體的慣性力煞住。

2 於第2步轉向所要行進的方向，這也是重要的關鍵。

心裡默數1、2的節奏！

跨步停具有能夠在加速的狀態下，確實停住身體的優點。不過如果要能夠將這一連串的動作流暢地完成，就不可缺少節奏感。剛開始時，不妨在心裡一邊默數著1、2的節奏一邊練習，相信能帶來不錯的效果。

三重威脅的基本姿勢

接應傳球的
基本動作—2

POINT 讓身體做出有力而強勢的姿勢

什麼是三重威脅？

持球時，保持一個能夠流暢地轉移到傳球、運球、投籃這三個基本動作的姿勢，就稱為三重威脅。雖然有些人對三重威脅有不同的定義，不過就一般而言，都是指以重心放低的這種有力而強勢的姿勢，將球保持在自己最好持球的位置上的基本姿勢。

基本姿勢的做法

由於三重威脅的基本姿勢，是一個可以轉移為傳球、運球、投籃這三者中任何動作的姿勢，因此下半身必須保持在用力的狀態。腰部下壓、重心放低，即使遭到防守方的碰撞，身體的軸心也毫不動搖，這樣的程度是最理想的。球的位置不一定要在胸口的高度，只要是在最有利於自己掌球的位置即可。雙腳打開與肩同寬，並一前一後相隔約一個腳掌的距離，這麼一來，不論是從哪個角度，都能維持平衡的姿勢。

眼睛注視籃框

腰部的
重心放低

下半身用力

雙腳打開與肩同寬
前後相隔一個腳掌

實戰中的重點

　　這裡最重要的是，並非在接到球後才開始進入三重威脅的姿勢，而是在接應傳球開始動作時，就應該進入三重威脅的姿勢了。在籃球中，能不能在持球後即時移向下一步的動作是非常重要的。為此，就必須在接到球的那一瞬間，讓自己的姿勢處在最好的狀態。在實戰中，需要的是能夠將一連串的動作迅速完成的能力。

養成經常採取三重威脅姿勢的習慣！

　　由於三重威脅是進攻時的基本姿勢，因此在拿到球以後經常採取這個姿勢是很重要的。眼睛注視籃框，確認隊友的位置後，就馬上轉為下一個動作。平常不論練習或比賽的時候，都要不斷提醒自己，以養成在接到傳球的瞬間，就能迅速做出這個姿勢的習慣。

1 在接應傳球的同時開始進入三重威脅的姿勢。

2 接到球以後，立即做出三重威脅的姿勢。

不要形成前傾的姿勢

重心壓低的時候，不要讓上半身形成前傾的姿勢，否則很容易破壞平衡，而無法抗衡防守方的阻攻動作。此外，這樣也很容易看不見周圍的狀況，因此必須時時注意要挺起上半身！

NG

傳球主要的
種類—1

地板傳球

POINT ➤ 讓球經過一次彈地而送出傳球

1

2

3

1 與胸前傳球一樣，將球保持在不會讓肩膀與手臂多餘施力的位置。

2 跨出一步，一面將重心往前移，一面讓球來到胸前的位置。

3 眼睛不要看球，保持直視前方，同時瞄準要彈地的位置，往地板將球送出。

　　地板傳球是指讓球經過一次彈地而送出的傳球。當面臨防守方的緊盯、傳球路線被阻斷的狀況時，地板傳球將可以發揮不錯的效果。此外，對防守方密集的空間也很有效。球彈地的位置，最好能瞄準自己與接球球員之間的距離 3 分之 2 的地點。要領與胸前傳球一樣，都是利用重心的移動，將球強力地推送出去。要是動作太大很容易遭到抄截，必須特別注意。

視線不要追著球跑

要是緊盯著球的方向而讓視線跟著下移，很容易被防守方判讀出動向。地板傳球要成功，重點就在於能不能出人意料，因此視線一定要保持平視，不要追著球跑。

NG

4 將球放出的瞬間，運用甩腕的動作為球加入旋轉力。

分別加入不同的旋轉！

　　加入旋轉力的方式不同，球的性質也將產生不同的變化。在將球放出的瞬間如果加入反轉的動作，球彈地後的飛行距離會比較短；如果加入順轉的動作，則會拉長飛行距離。不妨觀察接球球員的距離與防守方的位置，為球加入對當下的狀況最適切的旋轉力。

反轉
以切進球體下部的方式將球放出
球的飛行距離會變短

順轉
以切進球體上部的方式將球放出
球的飛行距離會拉長

單手地板傳球也很有效！

　　要是遭到防守方以至近距離緊盯防守而阻斷了去路時，可以向旁側跨出一步並利用單手地板傳球，也具有不錯的效果。但如果這時的動作太大，很可能會被搶球，因此必須注意要儘量縮小動作的幅度並迅速地將球傳出。

傳球主要的種類—2　單手傳球

POINT 甩掉防守方的防守並迅速傳球

當防守方擋在正前方而阻斷了傳球的路線時，單手側傳是一個相當有效的突圍方式。藉由向外側大大地跨出一步，以創造出新的傳球路線，並縮小動作的幅度，就可以避免遭到抄截。利用手長與步幅，將球保持在遠離防守方的位置，一面將重心放在跨出的前腳上，一面瞄準斜前方的接球球員將球送過去。此外，為了投出有力的球，別忘了要降低腰部的重心，掌握用全身將球推送出去的感覺。

1 防守球員阻斷了前方的傳球路線。

2 藉由向外側大步跨出，以開創出新的傳球路線。

 **CHECK!**

藉由迅速跨步的動作甩開防守方

為了甩掉防守球員的緊盯，快速而大幅地跨步是很重要的。就算步伐跨出去了，要是速度太慢而被防守球員跟上的話，就沒有意義了。傳球要成功，重點就在於能不能以快而小的速度與幅度完成一連串的動作。此外，也可以在跨步前加入一些假動作。

3 一面將重心移到跨出的前腳上，一面迅速地送出傳球。

4 將球放出的瞬間，利用甩腕的動作加入旋轉力。

重心的移動十分重要！

跨步出去時，必須將重心放在跨出的前腳上，否則如果不把重心前移，就無法送出有力的球。要是把重心留在後面，變成只靠手的力量在投，很容易讓手臂無謂地施力，而破壞了傳球的姿勢，進而影響控球，因此必須注意。

利用甩腕的動作在球上加入旋轉力

為了送出接球球員比較容易接的球，必須在將球放出的瞬間，掌握以手指切進球體下部的感覺，讓球產生下旋。

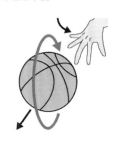

練習從各種高度都能自如地送出傳球！

側傳球時，如果只侷限在固定的高度，很容易在比賽時被防守方判讀出下一步的動向。因此不妨在傳球中加入高度的變化，讓自己能夠依據當下的狀況，在肩膀到腰部之間的任何高度出手傳球。

**傳球主要的
種類─3**

低手傳球

POINT 從防守方的反側進行傳球

低手傳球就是將球保持在相反於防守球員的那一側脅下，並從膝蓋的高度以下勾的方式送出傳球。一面以側身阻擋防守方來護球，一面利用朝接球球員跨出一步後的反作用力，快速地送出安全的傳球。但要是被判讀出我們傳球的時間點，很可能會被對手輕易地將球抄走，因此在實戰中幾乎很少使用低手傳球，而是以動作更小的進化版──勾傳為主流。

1 當防守方從自己的左側逼近過來時。

2 將球保持在右脅下，也就是與防守球員相反的那一側。

CHECK！

儘量縮小後擺的幅度！

低手傳球時不可不注意的一點，就是後擺的動作（起手的幅度）必須儘量縮小。要是像保齡球一樣大幅地向後擺動，除了可能會遭到防守方抄截，最重要的是容易降低控球的準確度。因此在後擺時，必須注意儘量縮小動作的幅度。

儘量延長隨球的動作！

為了迅速地送出正確的傳球，重點在於傳球時必須將指尖朝向接球球員，並延長隨球的動作。由於球只會飛向指尖所朝的方向，因此這個隨球的動作對於確實掌控球的飛行方向是很重要的。

3 跨出腳步時將重心放在前腳上，並利用重心移動的反作用力。

4 注意控球的準度，同時確實採取隨球的動作。

適合實戰的勾傳！

熟練了低手傳球後，就可以繼續練習勾傳動作。由於它的動作比較小，因此在實戰中成為主流。運球時不經過重新以雙手持球的階段，而直接在運球狀態下以單手低手傳球的方式將球送出。不要只限於前方的隊友，還要能迅速地將球送往位於兩側位置的隊友。

傳球主要的 種類—4	肩上傳球

POINT ▶ 從肩頭的位置送出的長傳

肩上傳球指的是從肩頭的位置推送出去的傳球。由於相當有力，因此當需要將球送往遠處時會是很有效的方式；經常利用在快攻時，趁隊友衝進前場後，瞄準隊友的前方來進行長傳。雖然別名又稱為棒球式長傳，但實際上與棒球的投法之間具有很大的不同。肩上傳球必須在肩前以單手持球，並輔以另一手來支撐；這時以持球手反側的那一腳向前跨，一面將重心往前移，同時將球從耳側附近的位置推送出去。

1 從三重威脅等一般的姿勢開始。

2 將球保持在肩上的位置。掌握將球從耳側推出去的感覺來送球。

 **CHECK！**

左手僅扮演輔助的角色！

以右手送球時，右手要將球保持在肩上的位置，這時的左手只要輕輕地撐球即可。由於掌球的工作從頭到尾都是由右手來執行的，所以左手要是不必要地施力，將對球的掌控度產生微妙的影響。因此必須有彈性地運用右手，正確地掌控球路。

3 跨出持球手反側的那一腳，並將重心往前移。

4 將球放出時，利用甩腕的動作，確實地在球上加入旋轉力。

運用甩腕的動作！

當長傳的目標位在遠處時，更需要利用甩腕的動作為球加上旋轉力。否則要是沒有讓球的軌道保持穩定，距離越遠，就越容易產生暴傳的情形。請確實地實施甩腕的動作，保持飛行軌道的穩定。

起手的動作不要過度後拉

要是為了讓球飛得遠而大幅往後拉，除了不易控球，也會升高被抄截的危險性。因此後拉的動作必須儘量縮小，掌握從耳側將球推出的感覺來進行傳球！

正確無誤的控球相當重要！

當企圖以快攻一鼓作氣地長傳至籃下時，不可以拖慢隊友深入前場的速度。這時必須預測隊友的動向，將球正確地傳到正在跑動的接球球員前方。

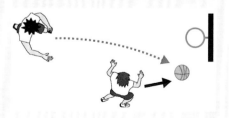

**傳球主要的
種類—5**

頭上傳球

POINT 越過防守方頭頂的短傳

1 以雙手將球保持在頭頂上方。

2 瞄準接球球員，以高於防守方的軌道迅速地將球送出。

3 在球放出的瞬間，利用甩腕的動作為球加入旋轉力。

　　頭上傳球是一種當防守方擋在自己與接球球員中間時，以越過防守方頭頂的方式所送出的傳球。將球保持在頭頂上的位置，這時幾乎不做揮臂後擺的動作，只利用甩腕的動作將球送出。將球放出的時候，要是雙手的施力不平均，球就不會直線飛行，因此必須確實採取隨臂動作。頭上傳球成功的祕訣，就在於必須儘量將這一連串動作迅速地完成。在持球來到頭頂上的那一瞬間就立刻將球送出是最理想

視情況運用直球＆高拋球

可以根據防守方與隊友的位置狀況，分別運用呈直線的直球與呈拋物線的高拋球這2種不同的球路。

直球　　　　　　　高拋球

的。此外，要傳球給像是中鋒等禁區球員的時候，也經常使用頭上傳球。藉由採取頭頂持球的姿勢，可以擁有比較寬廣的視野，也是它的優點之一。

4 傳球時要確實採取隨球的動作，讓力量可以平均施力於球上。

將一連串的動作迅速完成！

在防守方對頭頂的空間鬆懈警覺的瞬間，趁隙攻破對方的空檔是很重要的。太過遲緩的動作極容易遭到對手的抄截，因此必須毫不猶豫地將這一連串動作迅速地完成！

CHECK！

後擺的幅度不要超過背部！

短傳的時候，手臂不太需要做後擺的動作。不能像足球擲界外球一樣大幅度後擺，而要將球保持在背的垂直延伸線之前的範圍內。

運用甩腕的動作

甩腕的動作是短傳的靈魂。一面藉由手指的感覺控球，一面運用甩腕的動作，並注意讓雙手平均施力於球上。

跳躍頭上傳球

當防守方的緊盯防守異常嚴密時，可以在跳躍的同時做頭上傳球的動作，也能發揮出不錯的效果。此外，也可以利用跳躍的反作用力來延長球的飛行距離。

傳球主要的 種類—6

勾傳

POINT ▶ 利用身體的寬度來護球

勾傳,是一種當防守方緊盯防守的守勢接近時,只要以側身對著送球的方向,就可以利用身體的寬度與手臂的長度,一邊護球一邊送球的傳球方式。此外,當前方沒有傳球的空間,而想傳球給位於側方的隊友時,勾傳也是一種有效的方式。手肘伸直,將球保持在肩膀高度的水平位置,然後直線地往上揮到手臂呈垂直的位置。一邊以手指的感覺來控球,同時將球以越過防守球員頭頂的路線送出。

1 以側身的姿勢,對著自己 所要送球的方向。

2 將球水平地保持在肩膀 高度。

☞ CHECK!

手臂的揮動與手指的感覺是重點!

勾傳可以說是所有的傳球方法中,難度相當高的一種。在身體旁側大幅地揮動手臂,由於這時眼睛所看的方向與球是相反的,所以實質上對球的掌控只能依賴手臂的揮動及手指的感覺來掌握。能不能伸直手肘直線地向上揮,並以指尖準確地決定球的飛行方向,就是這個傳球法的重點。

3 揮動手臂，感覺集中於手指上，同時將球放出。

CHECK!

確實採取隨球的動作！

大致說來，球的距離與方向是由手臂的揮動來掌握的，然而球質與飛行軌道卻是由手指來進行微調的。因為球只會飛向指尖所朝的方向，因此將球放出的瞬間，要把注意力集中在手指的感覺上，並確實採取隨球的動作，這就是能提高傳球準確度的關鍵。

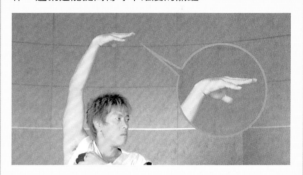

這時候就靠它了！

帶球深入籃下附近防守方密集的區域時，如果前方的去路遭到阻斷，必須將球送往位於側方的隊友時，能夠越過防守球員頭頂的勾傳，將能發揮出不錯的效果。此外，當想要送出快攻的長傳時，如果隊友進入到無法使用肩上傳球的角度，也經常會用到勾傳。

Let's Try !
應用

不可不熟練的進階傳球！

POINT ▷ 利用隱蔽傳球達到欺敵的效果

🏀 背後傳球

背後傳球指的是從身體背後利用甩腕的動作將球送出的一種隱蔽傳球。實施的重點在於，必須將防守方的注意力引到與傳球相反的方向。從運球的狀態中，在球彈地後即以單手抓著球直接繞過背後，在腰部的高度將球放出。一面以手指的感覺來控球，一面將球送給位於斜後方的隊友。

●這時候就靠它了！

基本上，如果隊友的位置位在斜後方時，只能做到側向控球的勾傳就很難發揮效果了。這時不妨改變身體的角度來實施背後傳球，就可以發揮出色的效果。

> **手臂的揮動與手指的感覺！**
> 這時應利用手臂的揮動來決定球速，並藉由手指的感覺來掌控球向！

1 在運球的狀態中，視線保持直視前進方向，注意不要讓對手判讀出下一步動向。

2 在球彈地後，直接單手抓球繞到背後。

3 以手指的感覺控制球向，同時運用甩腕的動作將球送出。

1 等待接應傳球的狀態。

2 在接到球的同時轉頭改變視線的方向，藉此誘敵。

3 當防守方的注意力被轉移到該方向的瞬間，將球回傳給位在反方向的隊友。

餘光傳球

　　這是指眼睛不看接球球員的方向而進行傳球的一種假動作，利用的是防守方習慣透過判讀視線來進行抄截的心理。這時雖然視線是投向送球的反方向，但如果身體不確實地面向接球球員的方向，就無法正確地控球，要特別注意這個問題。此外，事先掌握接球球員的位置，也是很重要的一環。

● 這時候就靠它了！

　　餘光傳球能在快攻時發揮效果。此外，最能夠以轉頭的假動作誘敵的例子，是在接到傳球後，再將球回傳到隊友手上的情況。這時使用餘光傳球的成功率會很高。

Let's Practice! 傳球的練習方法

POINT ▶ 每天持之以恆的練習是最重要的！

🏀 面對面傳球

　　練習時以 2 人為 1 組，並準備 2 顆球。雙方面對面地拉開適當距離，一人以胸前傳球，另一人以地板傳球的方式互相出球。才剛傳球就馬上要接對方的球，而接球後又要馬上傳球，藉由這樣的過程，可以培養出迅速傳球與接球的能力。待熟練以後，還可以在練習中加一些如頭上傳球等等的變化！

胸前傳球＆地板傳球

頭上傳球＆地板傳球

🏀 在中間安插防守球員 來進行傳球的練習

　　2 人面對面，並安插1名防守球員擋在 2 人中間來進行傳球。扮演防守方的球員要先從站著不動的狀態開始，再慢慢地加強守勢的嚴密度；而傳球的 2 名球員則要盡力找出防守方的空隙去突破，並送出傳球。重點在於要多方嘗試如單手傳球或勾傳等各種技術。

繞場傳球

　　這是利用半場的空間，傳球給處於動態中的隊友，以及提升接應傳球技術的練習。A 從①開始朝②的方向做衝刺，隨之 B 往③的方向做衝刺，C 在傳球給 A 的同時往④的方向做衝刺。A 在接到球後的瞬間立刻傳球給 B，並朝⑤的方向做衝刺；B 傳球給 C 後，往⑥的方向做衝刺。如右圖所示，最後由 A 進行投籃，並由 B 進入籃板位置。

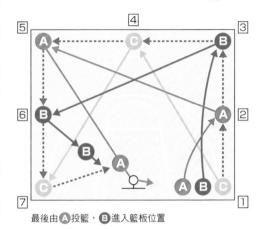

最後由 Ａ 投籃，Ｂ 進入籃板位置

三人傳球

　　A 就籃下中央的位置，而 B、C 則各自在靠近邊線處就位。以 A 為起點，B 與 C 朝對面半場的籃框做衝刺。A 在傳球給 B 後，隨即開始起跑，並在中圈附近接受 B 的回傳。這時 A 必須向已經切入籃下附近的 C 進行長傳，而 C 則在接到傳球後直接進行投籃。B 在中央進入籃板位置，C 投籃後往對面的方向移動，而 A 則往 C 的反方向移動。如右圖所示，下一趟再往原本的籃框方向，以 B 為起點進行三人傳球。

● 去程的隊形

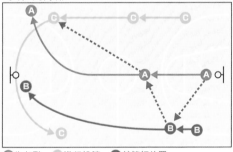

Ａ 為起點，Ｃ 進行投籃，Ｂ 就籃板位置

● 回程的隊形

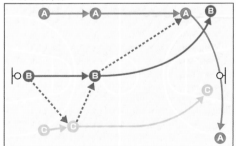

變換位置，而以 Ｂ 為起點，
Ａ 進行投籃，Ｃ 進入籃板位置

奇蹟性的妙傳誕生的一刻

日本最佳的傳球者佐古賢一在籃球生涯中難忘的妙傳是……!?

① 淹沒在比賽中的傳球

傳球，總是注定被淹沒在比賽中。不論再怎麼精采的助攻，也不會就此決定比賽的結果，因此在下一步的攻防不斷接踵而來的過程中，很快就會被人們所遺忘。因此，唯有能接著串起決定比賽勝負的射籃攻擊，這樣的傳球才能讓人留下深刻的記憶。

② 在最後的1分鐘反敗為勝

2001年3月20日舉行的JBL總決賽，由五十鈴對上豐田。這場球賽，是由前一年錯失了5連霸機會的五十鈴隊，在以一勝一敗的戰績迎接第三戰的處境下，於僅剩最後1分鐘時，奇蹟性地反敗為勝的一場傳奇的球賽。這是我最近這段時間以來，最難忘的一次決定性的傳球。當時雖然在最後關頭將球傳給了射手球員，其實裡面卻寄託著「一定要進球！」的祈禱。基本上，所謂的助攻，並不是一種早就準備好等著要伺機而動的東西，而是當自己與行動中的隊友節奏合一時，或是發現隊友正好無人防守時，在這些時間點上偶然發動的東西。在當時的情況下，唯有靠他的射籃才能贏球。大約在只剩最後1

分鐘的時候，他突然出現了無人防守的空檔，那瞬間讓我有一種「是時候了！」的感覺，於是便將球傳出。也可以說是我刻意等待機會、抱著強烈寄望的一記傳球吧！結果他以一記3分球，讓全隊得以反敗為勝。

③ 盤算著報上的特寫鏡頭？

1988年的全國高中聯賽決賽，北陸高中對能代高工。在這場比賽中，北陸高中第一次擊敗能代高工，拿下夢寐以求的全國冠軍。在自己所接過的傳球中，這場比賽最後的這個決定性傳球讓我記憶猶新。由於當時是一個幾乎已大勢底定勝券在握的局面，在剩下最後5秒的時候，球傳到了我手上。在拿到球的瞬間，我一心想著「穩拿冠軍了！」而興奮不已。因為太高興了，還一面運球、一面猶豫著要不要以灌籃為這場比賽畫下一個帥氣的句點（笑）。甚至就連起跳射籃的時候，還想著新聞報導的特寫拍攝角度。結果報導上真的如願地登出了我射籃得分後握拳歡呼的勝利姿勢（笑）。接到那記傳球時的感激，真的讓我忘也忘不了。

3章

運球
DRIBBLE

何謂運球？

運球是籃球最大的特徵，也是要在
持球狀態下移動的唯一手段。

DRIBBLE

**運球最基本的要求是
眼睛不必盯著球也能控球自如！**

　　運球是要在持球狀態下移動的
唯一手段。而一面保持球的彈地、
一面移動的一連串動作，也可以說
是籃球最大的特徵。要能眼睛不看
球而只靠手指的感覺自如地控球，
是運球最基本的要求，這種乍看起
來好像很簡單的動作，其實背後都
需要付出龐大的努力。要是運球時
眼睛盯著球，就無法專心注意週遭
的狀況了，因此平常就要多去接觸
球、多磨練控球的技巧，才是使球
技進步的不二法門。

1 ┃ 先從基本姿勢開始

　　一開始可以先在靜止狀態下學
習正確運球的基本姿勢。在這個狀
態下，熟練如何將視線從球上移開
而仍能正確地控球的技巧，並學習
掌握手指的感覺以及運球的強弱。
（→52～53頁）

2 ┃ 從下球到前進的動作

　　接下來，為了熟練以運球進
行移動的動作，將依序解說下球的
訣竅，與帶球前進的基礎動作。
（→54～57頁）

3 熟練運球的基本功

在藉由運球將球帶到有利位置的過程中，幾乎很難可以在無人防守的情況下移動。進行實戰時，即使處於不利的狀況中，也必須要能將球安全無誤地帶到正確的位置。後面將要介紹幾種在避開防守方的緊盯防守時，經常使用的一些主要的運球技術，並詳細解說其中的重點與訣竅。

・交叉運球（→58～59頁）・背後運球（→60～61頁）・轉身運球（→62～63頁）・跨下運球（→64～65頁）

4 學會應用的技巧

後面將介紹帶球切入的應用技巧，並解說要切入前場內部時的重點與訣竅。（→66～67頁）

5 運球的練習方法

介紹能夠使運球技術提升的基本練習方法。（→68～69頁）

運球的基本動作—1
運球的基本姿勢

POINT 眼睛不看球地進行控球！

1 雙腳打開與肩同寬，腰部下降保持重心放低。在視線平視的狀態下，只靠手感進行控球。

2 利用非控球手來阻擋防守方。須注意這時控球手的手臂不要太過向外張開。

3 掌握「吸球」的感覺，也可以利用強力的反彈，讓球吸附在手指上來進行控球。

 唯一的移動手段 運球的重點

運球時最要注意的一點，就是眼睛必須監控周圍的狀況。否則要是錯失了傳球或射籃的機會，那麼就算運球的動作再好，也沒有意義。因此，在眼睛不看球的情況下，左右手都能正確地控球，就是運球的一個大前提。

●**基本姿勢**

運球時的基本動作，應保持雙腳打開與肩同寬，並降低身體的重心。姿勢不要前傾，上半身挺起來，視線直視前方。這時不是用手掌，而是要利用指腹，讓球以吸附在手指上的感覺來進行運球，並利用非控球手來進行護球。運球時，要是手的位置離身體太遠，會比較難控球，因此要注意手不要張得太開。

**眼睛不看球
只靠手指的感覺來控球**

　　由於打球時需要迅速因應防守方的動作，因此必須時時保有視野的廣度。為此，必須不斷努力練習，直到不會讓注意力被「控球」這個動作給佔據，而能夠只依靠手指的感覺駕馭運球時的方向與強度，這樣的恆心與毅力是很重要的。請務必熟練這個基礎。

 掌握吸球的感覺而非拍球

　　運球時要是以拍球的感覺運球，可能會無法讓球深入自己的手中。平時就要學著掌握以指腹吸球的手感，才能讓球比較容易掌控！

 CHECK！

**在運球的高度、速度與反彈上
加入變化！**

　　要帶球閃身過人時，在運球的高度與速度上加入各種不同的變化是很重要的。反彈的高度如果富有變化，也較一成不變的運球更不容易被防守方抄截。當學會以相同的速度及高度運球後，不妨練習在運球的節奏中加入變化！

運球的 基本動作—2	運球的下球

POINT ➤ 第一步是決定帶球切入成敗的關鍵！

1 從採取三重威脅的姿勢與防守方對峙的狀態開始。

2 跨出一步後，進入運球的姿勢。這時重心壓低，但要注意上半身必須挺起來。

運球前進時的第一個動作，就是運球的下球。這個動作雖然並不怎麼受到矚目，卻出乎意料地是個重要性相當高的基本動作。只要能快速地掌握適當的距離下球，就可以突破防守方，為接下來的局勢取得有利的優勢。不妨牢記其中的重點與訣竅，確實熟練這項基本動作吧！

下球的角度要低！

下球動作中最重要的一點，就是必須將球儘量往前送出去。要是下球的角度過高，就會縮短球前進的距離，很容易就會被防守方追上了。因此下球時必須儘量壓低角度，意識到要往前下球！

3 壓低下球的角度，掌握快、狠、準地將球往防守方背後送出的感覺。

4 重點就在於能不能掌握「在第一步就將防守方甩開在後」的感覺，毅然地將球送到前方。

下球的落球點相當重要！

若說下球的落球點是決定帶球切入的關鍵，其實一點也不為過。相較於下球在自己腳邊附近的位置來突破對手，在防守方後方下球並往前追球，在速度上會更有壓倒性的優勢。

避免視線朝下而往前傾

下球時，不可以太過專注於前方，而讓上半身往前傾。必須隨時注意週遭的狀況，讓上半身保持挺起來的姿勢。

NG

運球的基本動作─3 帶球前進

POINT ➤ 讓上半身儘量挺起來！

1 從下球開始，跟上下球的速度開始運球。

2 壓低下球的角度，儘量將球往前方送。

3 掌握吸球的感覺，柔韌有彈性地運球。

帶球前進時，重點就在於即使身體往前傾，也必須讓上半身挺起來。這樣除了可以保持視野的寬廣，也可以讓身體隨時處於平衡穩定的狀態，才有辦法因應急停、急轉向的動作。此外，為了不讓速度被削減，也必須將下球的落球點儘量往前推。能夠利用最高速度追球，並且自如地控制肢體與球，在運球中是非常重要的。

運球時讓食指稍微朝外

直線前進時，只要控球手稍微朝向身體外側，就能讓上臂比較往內收，讓控球更容易。此外，在身體外側進行運球，當做出急轉向的動作時，也會比較容易因應。

4 運球時手指略微朝外，讓球落在腳的外側。

5 上半身挺起來，隨時注意周圍的狀況。

6 身體要保持平衡，以因應急劇的動作轉換。

運球時讓球落在腳的外側

帶球前進時必須往前下球，但若落球時若能瞄準腳外側的位置，就會比較容易控球。要是讓球落在雙腳之間，很容易打亂身體的平衡，而難以應付急劇的動作轉換。

將上半身挺起來！

運球時，除了應保持視野的廣度以注意周圍的狀況，維持身體的平衡以因應急劇的動作轉換，也是很重要的一點。然而不論姿勢再怎麼低，都必須注意讓上半身挺起來！

NG

| 運球主要的
種類—1 | # 交叉運球 |

POINT 在較低的位置進行控球

1 以運球前進時，防守方出現在面前做阻擋的動作。

2 朝著所要突破的反方向跨出腳步，做出假動作。

3 在低於自己膝蓋的位置，將球轉移到另一隻手上。

交叉運球別名又稱為身前換手運球，是一種在防守方的正面進行運球，並以雙手來控球的基本運球技巧。也就是利用急轉向的方式實施帶球過人的動作。重點在於控球的時候，必須儘量在低於自己膝蓋的位置完成換手的動作，而且一連串的動作都必須迅速地完成。要是動作過於緩慢，很容易就會被防守方判讀出來，因此絕對要避免。

朝突破方向的反方向跨出腳步做出假動作

朝所要突破的相反方向跨出腳步，對防守方做出假動作。重點在於必須儘量將重心放在腳的內側，讓自己能夠即時回身。

**落球點最好能在
自己懷前的位置！**

換手時，只要能瞄準自己懷前的位置下球，就比較容易以較低的位置進行換手的動作。這時要注意的是絕對不能讓球被防守方抄走。

4 運用指腹，柔韌有彈性地以吸球的手感來控球。

5 一連串的動作都必須迅速、正確地完成！

掌握以指腹吸球的感覺

換手時，要是球的移動幅度過大，就越容易給防守方做出因應的機會。因此必須讓球儘量在低於膝蓋的位置換手，並以指腹吸球的感覺來進行控球。

👉 **CHECK！**

變速運球是什麼？

在運球的節奏中加入變化，藉以完成帶球過人的動作，就稱為變速運球。可以藉由在運球的速度與高度中加入變化，來打亂防守方的節奏。如果能在交叉運球中也加入節奏的變化，將能更有效地破壞防守方的步調，因此不妨積極地挑戰看看。

運球主要的 種類—2　背後運球

POINT ▶ 在身體的後側進行換手的動作

1 在運球的狀態下，防守方在面前實施緊盯防守時。

2 防守方以近距離壓迫而來。

3 手持球繞到背後進行運球。這時要利用身體來護球。

　　這是從運球的狀態中，讓球通過身體後方，以轉換控球手的技巧。當面前出現防守方實施緊盯防守時，可以利用身體來護球，因此具有不容易被抄截的特性；相反地，卻也必須注意持球繞過背後時比較不容易控球的問題。這個動作並不是將球從背後拋投出去，而是要妥善地利用離心力，將球帶往身體的反方向，才是能流暢地完成換手的成功關鍵。

掌握讓球撥過臀部的感覺！

要是上半身往前傾，就無法將球往前送了。因此要將上半身挺起來，並以撥過相反側的臀部的感覺將球帶往身後，就能順利地控球讓球來到另一側的前方。

4 掌握撥過相反側臀部的感覺，將球放出去。

5 瞄準控球手前方的位置，在腳的外側進行下球。

6 轉由另一手進行控球，完成整個換手的動作。

下球的位置是重點

要在不減損速度的情況下換手，最重要的就是下球的位置。要是下球時讓球落在身體後方，就無法達到更往前跨步的作用了，因此必須要瞄準控球手前方、那一腳外側的位置來做下球的動作！

⬤ 能在實戰中成功的祕訣！

　　對於交叉運球而言，在距離不夠的狀況下最能夠發揮效果。一般人常犯的錯誤是在換手的時候會用丟球的方式，這很容易引發控球上的失誤，因此必須掌握以勾球的感覺，將球穩當地帶往另一邊的方向。這時最重要的是上半身要挺起來，以保持正確的姿勢。

運球主要的 種類—3 轉身運球

POINT ▶ 以背對轉身的方式甩開對手

1 維持等速,毫不減速地接近防守方。

2 在防守方面前,將球勾進後方。

3 腰部不要上下晃動,穩定、迅速地進行轉身。

　　這是一種在防守方面前,以轉身背對防守方的方式來進行轉向的技巧。這項技術的特徵,在於不需要換手控球就可以帶球過人,然而透過控球做轉身的時候,速度是一個很重要的關鍵。為了要以單手將球勾進來的感覺將球送出,必須要有較強的離心力。此外,要是轉身時的軸心不穩定,會影響到控球,因此能不能將作為軸心的腰部保持在穩定的高度,是一個很重要的關鍵。

利用離心力來支撐球

由於在轉身的過程中,必須以單手持球的狀態進行轉身,因此需要有夠強的離心力才行。不妨迅速地轉身,伸長手臂,將球以回勾的方式來進行控球!

4 以臀部為軸心,小幅度地進行轉身。這時要注意不要讓球漏出勾球的弧度之外。

5 在轉身結束時做下球的動作。

6 注意保持上半身挺起來的姿勢,視線不要往下盯著球看。

轉身時保持軸心的穩定

為了要以小幅度的動作進行轉身,轉身時能不能保持軸心的穩定是很重要的。這時作為圓周運動軸心的是臀部的部分。因此要注意在轉身的時候,不要讓腰部上下晃動!

能在實戰中成功的祕訣!

重點在於面對防守球員時,要掌握住用臀部頂過去的感覺。訣竅就是要將重心放在作為轉身軸心的臀部上,一面想像陀螺的轉軸,避免腰部上下晃動,一面迅速地以小幅度的動作完成轉身。只要以將臀部頂向對手的感覺來轉身,即使是在加速的狀態下,軸心也能夠保持穩定。由於這樣就不會偏離離心力的弧度之外,因此也可以保持持球的穩定度。

運球主要的
種類—4

跨下運球

POINT ▶ 讓球通過兩腿之間並換手

這是從運球狀態中讓球通過兩腿之間並換手運球的技巧。由於能夠利用自己的身體來進行護球，因此在防守密集的禁區內也經常被使用。在往過人的方向跨出一大步的同時，從較低的位置往跨下下球，並轉以另一手來控球。由於這是一個在身體內側進行的動作，因此具有不容易被防守方抄截的優點。

(● 能在實戰中成功的祕訣！)

在加速的狀態下，由於運球的力量也會一併提升，因此應以快速運球的感覺下球在懷前的位置；若是在缺乏速度的狀態時，則最好能在下球時掌握輕巧落球的感覺。此外，視線絕對不能往下飄，這一點非常重要。一面緊盯防守方的動向，一面在不看球的情況下進行控球，就是能在實戰中成功實施跨下運球的祕訣！

1 帶球前進。這時要避免視線往下飄，以免被防守方判讀出下一步的動作。

2 重心放低，向前跨出一大步。

讓球落在懷前的位置！

運球穿過跨下時，只要以讓球落在懷前的感覺來下球，就能順利完成動作。此外，必須注意最好能儘量以較低的位置來進行換手運球的動作。

3 在跨出前腳的同時，將球穿過跨下，並在較低的位置將球轉為以另一手控球。

4 迅速地將球移交到另一隻手上後，一鼓作氣地直接帶球過人。

 **CHECK！**

放低重心並大步跨出腳步！

要是腰部提得太高，就容易限縮步幅，而難以讓球流暢地穿過跨下。只要放低重心，大步跨出，就能在較低位置進行換手的動作，也能讓運球不停滯，順勢而快速地串起後續的動作。為了避免防守方的抄截，也必須注意這一點。

帶球切入

POINT ▶ 先做假動作再以運球切入內線！

1 採取三重威脅的狀態。

2 以射籃的假動作，將防守方的注意力引到射籃的路線上。

3 在假動作成功的瞬間，利用運球突破防守方。

　　在比賽中，從外線引誘防守方，然後帶球過人甩開對手，以運球的方式切入內線，這樣的動作就稱為帶球切入。加入假動作，趁防守方的注意力被假動作吸引的空檔，大幅地以快、狠、準的球勢下球，開始進入運球的動作。能不能在這第一步的動作就乾淨地甩開防守方，就是帶球切入的重點。是一個非熟練不可的實戰型技巧。

利用假動作
製造防守方的空隙！

要切入內線，必須在防守方上勾的瞬間徹底甩開對方。也就是利用假動作吸引對手的注意，並抓緊對方露出破綻的瞬間，迅速甩開防守方。

突破口

4 快、狠、準地朝防守方的後方大幅地下球。

5 以自己的最高速度追球。

6 順勢以加速的狀態,直接切入內線。

將球保持在遠離對方的位置

實施帶球過人時,應該將球保持在離對方較遠的位置。例如朝右方過人時就以右手持球、朝左方過人時就以左手持球,將球保持在能夠利用自己的身體來護球的位置。

🏀 能在實戰中成功的祕訣!

重點在於當假動作成功後,就必須在緊接而來的第一個動作甩開防守方,也就是運球的下球。與其在腳邊的位置開始運球,不如儘量往遠一點的地方下球,速度上會更具有壓倒性的優勢。雖然在不同的狀況下,距離上會產生差異,但基本上往防守方後方的位置下球,就是帶球切入成功的祕訣!

Let's Practice! 運球的練習方法

POINT 經常與球接觸就是進步的祕訣

🏀 高度變化運球

這是為了熟悉如何在保持重心放低、上半身挺起來的基本運球姿勢下正確控球所需的訓練。必須在眼睛不看球、只靠手感來控球的狀態下，在運球中加入從胸部到膝蓋之間的高度變化。這項練習所要求的條件是控球的正確度，並且必須練習到左右手都能夠運用自如為止。

在胸部位置的高運球。

在膝下的低運球。

🏀 V字運球

學會加入了高度變化的定點運球後，接下來要熟練的，就是在運球中加入左右變化的訓練了。以單手控球，讓球往自己身體的左右呈現V字型的方式來運球。在熟練了固定高度後，再來挑戰在運球中加入胸部到膝下之間的高度變化。之後，再同樣於身體的前後以V字型的方式運球，直到前後也熟練了高低落差後，再練習用另一手以同樣的方式反覆進行運球的練習。

左右的V字運球。並加入高度的變化。

前後的V字運球。同樣也做出高低的落差。

繞圈運球

　　這是一種利用場內的3個圓圈，學會在移動間進行控球的訓練。從底線開始，並以左繞圈、右繞圈、左繞圈的順序設定移動的方式。右繞圈時以左手進行運球，左繞圈時則以右手進行運球。接著繼續以同樣的方式繞圈，但這次不要改變身體的方向，而利用側步或倒退步的方式來進行運球。重點在於隨後要加入各種運球的變化，不斷地做延伸的練習。

1對1Z字運球

　　這是以Z字型的路線在場中前進，並在轉向時進行交叉運球或轉身運球等，以練習運用各種不同的運球變化技巧的訓練。安排1名防守球員緊追在側，藉以熟悉如何在運球變化時掌握距離感和時間點。而防守方的緊盯防守則不妨從單純跟隨的狀態，循序漸進地加強防守的嚴密度！

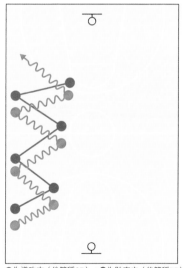

●為進攻方（後簡稱OF），●為防守方（後簡稱DF）

佐古賢一的籃球專欄③

優秀的運球者所要具備的條件是？

是不是只有天才才能做到操控自如的運球？

① 讓球成為身體的一部分

運球這回事，是越練習就會越進步的。投籃的動作，是去瞄準一個設置在高處的籃框，屬於一種空間上的技術，也因此需要某種程度的天生直覺；然而運球卻是一種無關直覺的技術，任何人都能成為其中的專家。球這種東西就跟筷子是一樣的道理，越常拿它、用它，就越能讓它像是自己身體的一部分。所以說，要成為優秀的運球者，條件就在於你是不是一個能夠透過練習，而讓球「感覺就像是自己身體的一部分」的人。球這種東西只要一段時間沒有碰，就會在控球度上出現微妙的差異；而越是經常用球，就越容易對球產生熟悉感，所以勤於碰球、打球是極為必要的一環。正因如此，我認為運球其實是最容易與身體合而為一，也是最能夠表現自己、發揮自己的部分。

② 街頭籃球玩家經常是簡中好手

在街頭籃球的玩家中，有許多運球的簡中好手。我想這應該是因為他們能1個人練習的時間比較多的緣故吧！想在5人制籃球中追求極致境界的球員，個人的練習時間往往都不夠，而且主要的練習也都著重在射籃的能力上，兩者要求的重點是不一樣的。因此，只要觀察街頭籃球，就能發現運球時能打出緊黏著地面的感覺的玩家比比皆是。我認為在我們身邊，一定存在著這樣厲害的人，所以如果想提升運球的技術，或許可以找出這樣的人，從他身上接受一些不同的刺激，或許也不錯。

③ 從早到晚都與球為伍

我偶爾會看一些街頭籃球的影片。出現在那些畫面中的球員，其實都是職業級的街頭籃球選手。如果只論運球這種個人技術的話，比起NBA的球員，他們的技巧是更純熟的，也更懂得表現的方法。若沒有讓球與身體合而為一，是不可能達成那種程度的運球的。這絕對需要相當的練習。要成為優秀的運球者，唯有經過不斷的練習，從早到晚與球為伍，讓球成為身體的一部分，僅此而已。

4章

投籃
SHOOT

CHAPTER 4

何謂投籃？

正確的投籃，即使只有一球也不嫌少——這樣的態度，是贏得比賽不可或缺的要素！

SHOOT

要做出正確的投籃，必須穩固身體的姿勢！

投籃，可以說是籃球運動中最吸睛也最令人興奮的部分了。而以正確的投籃爭取更多的得分，也是籃球運動中最大的目標。投籃相當要求精緻的控球度，最好能「投了100球，100球都投向同一個地方」，而且也需要高度的進籃成功率。為此，穩固投籃的姿勢，就成了滿足這些需求的絕對條件。不妨好好熟練最基本的投籃姿勢，學會掌握適合自己的投籃方式吧！

1 | 定點投籃

後面將解說的是所有投籃的基礎——單手定點投籃。從球的拿法、基本姿勢、瞄準點的設定到距離感的掌握等，都將會做詳細的說明。（→74～81頁）

2 | 投籃主要的種類

以下將針對經常在球賽中廣泛被使用的基本投籃的正確姿勢與重點進行詳細的解說。為了要根據不同的狀況，即時選擇最有效的投籃，每一種項目都必須先熟練才行。不妨好好學會各項投籃的技巧吧！（→82～91頁）

3 | 熟練應用的技巧！

在所有基本的投籃技巧都已經熟練後，接下來要介紹的是難度再稍微提高的投籃技術，以及加入假動作等實戰應用上的複合技巧。（→92～93頁）

4 | 投籃的練習方法

投籃最重要的目標，就在於爭取進籃的球數。尤其在自己的投籃姿勢尚未完成的階段，必須要不斷地練習，直到能夠掌握正確的姿勢為止，否則是無法提升進籃率的。以下將介紹幾個需要習慣性地持續進行的基本投籃練習法，請確實地練習吧！（→94～95頁）

投籃的
基本動作—1

定點投籃的基本姿勢

POINT 重點在於意識身體的軸心！

🏀 球的拿法

　　如果是慣用右手的人，將球置於手上時，要在右手腕向後仰、五指張開的狀態下，將食指和中指放在球中央的位置；注意這時負責支撐球身的並不是手掌，而是要靠手指。左手輕輕在一旁扶著，並將球保持在額前的位置。這時只能夠靠右手從斜下方而來的力量支撐整個球身所有的重量。採取投籃姿勢時，要意識到讓右肩到手肘，以及手肘到腰、膝蓋的這個連線能夠呈一直線。（參照P76的插圖）

手腕不能出現內屈的姿勢！

採取投籃姿勢時，不可讓手腕出現內屈。手腕一旦內屈，就沒有充分的幅度可以在出球的瞬間讓手腕前壓來進行隨球的動作。因此，投籃時請注意手腕必須要後仰，才能確實地在球上加入旋轉的力量，保持球的飛行軌道的穩定。

基本姿勢

左手從旁輕扶球身

投籃時，應該以「只靠右手施力」的感覺將球投出。要是左手出現不必要的施力，很容易讓球偏離正確的軌道。掌握「左手只是用來穩定球身」的感覺，從一旁的位置輕扶球身就可以了。

右手腕後仰的幅度要足！

在出球的時候，除了利用甩腕的動作為球加入旋轉的力量之外，為了讓身體的力量更有效率地傳到球上，在定點投籃的預備狀態下，讓右手腕以足夠的幅度保持後仰的動作，這一點是很重要的！

右肘到右膝之間的連線

為了將下半身的力量傳到球上，必須將身體的軸心保持為一個直線。所謂的軸心，指的是從右肘到肩、腰、膝的連線，要是這個連線不夠穩定，將會對球的飛行距離與控球方面造成負面影響。（參照P76的插圖）

雙腳張開與肩同寬

在投籃的動作中，下半身是最重要的關鍵。上半身關係著控球，而下半身則關係著球的飛行距離。預備投籃時，雙腳張開與肩同寬，並讓右腳往前踏出大約半步的距離。這時要微微屈膝，讓下半身保持在一個蓄積力量的狀態。

投籃的 基本動作—2 　定點投籃的正確動作

POINT ▶ 隨球動作是控球的生命！

在定點投籃的基本姿勢下，將瞄準點設定在籃框。視線投向目標，以屈膝的方式充分累積下半身的力量。手臂應避免不必要的用力，而在放鬆的狀態下將球投出，並在同時讓伸展膝蓋，將下半身的力量傳遞到球上。這時以讓前臂伸展開來的感覺揮臂投球，並在出球的瞬間藉由壓腕的方式確實採取隨球動作。投籃的重點，就在於利用這個壓腕的動作為球加入旋轉力，藉以穩定球的軌道與距離感。不要靠手臂的力量去投籃，而是要活用下半身的力量。

1 在定點投籃的基本姿勢下，設定投籃的瞄準點。

2 藉由屈膝的動作，累積下半身的力量。

意識身體的軸心，並將力量傳遞到球上

軸心
手肘
肩
腰
膝蓋
保持在一直線上

軸心保持一直線來進行投籃，是定點投籃的基本原則。也就是說，如果是慣用右手的人，重點在於必須讓右肘到右膝連線的軸心保持在一直線，穩定地將球投出。只要這個軸心穩定，就能讓下半身的力量更有效率地傳遞到球上，不必靠手臂的力量投球，所以也比較容易保持姿勢的穩定。

不要忘記隨球動作！

為了正確地操控球的軌道與方向性，隨球動作是很重要的。要是沒有做到這一點，很容易讓球偏離瞄準的方向。因此能不能讓控球力延續到最後，就是重點所在。此外，只要在出球的瞬間做出壓腕的動作，就可以為球加入旋轉力，保持軌道的穩定。動作時不要使用手臂的蠻力，而是要以從定點狀態帶往隨球的感覺出球。只要基本姿勢穩固，就能讓投籃的準確度也跟著提升。

3 在開始揮臂投球的同時伸展膝蓋，將下半身的力量傳遞到球上。

4 出球時，手腕應確實地前壓，以進行隨球動作。

CHECK!

打造適合自己的投籃姿勢

由於決定球的飛行距離的力量是來自於下半身，因此並不需要使用上半身（尤其是手臂）的力量。上半身最重要的使命，在於鞏固投籃的基本姿勢以產生控球力。不妨讓自己培養出「投100球全都飛向同一個地方」的準確度，打造出最適合自己的姿勢吧！

投籃的基本動作—3　瞄準點的設定

POINT ▶ 分別採用2種不同的瞄準點

那麼，投籃時又該瞄準哪裡才對呢？以下將針對2種瞄準點進行解說，根據不同的角度，準確度也會隨之改變。

🏀 空心投籃

直接瞄準籃框的空心投籃，是當距離籃框較遠時，或是所處的位置在籃框正前方或正側方的角度時，成功率較高的打法。相對於籃球的直徑為24公分，籃框的直徑有45公分，因此拋物線的軌道越高、越是能讓球從籃框的正上方進籃，因此也越容易成功。

在不碰到籃框的情況下直接進籃的球，就稱為空心球。

籃框的瞄準點在籃框的中心或內側籃網內的正中央！

正側方的角度不容易捕捉距離感，必須勤加練習。

擦板投籃

擦板投籃是一種利用擦過籃板的方式，間接瞄準籃框的打法。當位於籃下附近，從一個比較大的角度投籃時，這種瞄準點的取法不僅成功率比較高，也比較有效。當位在籃框左右45度的位置時，基本上要瞄準籃板內側四角形框框中，距離自己比較近的那個角。但是，球有時可能會有入射角比較淺，或是角度比較接近正面等微妙的變化出現，所以也必須配合不同的情況採取不同的瞄準方式。當球的入射角比較淺時，應瞄準框框的外側；當比較接近正面的角度時，則應瞄準框框的內側。

從正側面、正面瞄準時應採取空心投籃

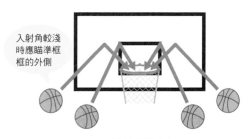

入射角較淺時應瞄準框框的外側

從斜角瞄準時應採取擦板投籃

CHECK！

要注意球的軌道！

如果球的軌道是直線的，進球的成功率就會比較低。這是因為籃框與地面是呈平行的。投籃基本上應該以畫出完美拋物線的軌道來瞄準籃框。此外，進行擦板投籃時，並不是在拋物線的軌道上升時擦板，而是在往下降時擦板，這就是成功的祕訣！

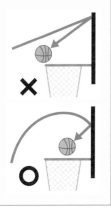

投籃的
基本動作—4

距離感的掌握

POINT ▶ 用下半身的力量投球

🏀 在籃下等至近距離時

　　根據與籃框間的距離不同，投籃的方式也有微妙的改變。基本上，手臂的動作要穩定，並靠下半身的力量來產生飛行距離，但是在籃下這樣的至近距離時，還必須兼顧防守方的緊盯防守，這時就必須在定點投籃的動作上做一些變化。

　　在籃下時，防守方會將手高舉並步步逼近，以警戒進攻方做出投籃的動作。為此，持球球員在籃下進行投籃時，經常會伸展手臂，將開始位置設定得更高，並且一面

起跳，一面利用甩腕的動作進行投籃。

掌握「只利用甩腕的動作進行投籃」的感覺！

由於在籃下投籃時，經常要將球保持在比較高的位置，因此幾乎不必做揮臂的動作。這時不妨掌握住「只靠跳躍的助力及甩腕的動作將球送出」的感覺來進行投籃。

1 為了避免投籃遭到阻攻，要伸長手臂，將球保持在比平常更高的位置。

2 一面警戒防守方的阻攻動作，一面在舉球的姿勢下直接起跳。

3 只靠甩腕的動作將球放出。

🏀 三分射籃時

　　進行遠距離的三分射籃時，重點在於節奏感及投籃姿勢的穩固度。由於無人防守的狀態可能只有一瞬間的機會，能不能以快速的節奏、正確的姿勢投籃，是一個非常重要的課題。

> **不是靠手臂的力量，而是用下半身產生飛行距離**
>
> 如果在遠距離的情況下，很容易讓人想要靠手臂的力量去投籃。但手臂一旦用力，就會擾亂最重要的控球力。要做出飛行距離，必須使用下半身的力量，上半身則保持在與一般相同的姿勢下，將球投出。

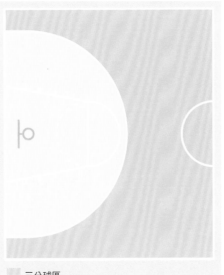

■ 三分球區

1 保持在重心放低、將力量累積在下半身的狀態，做舉球的動作。

2 一面起跳，一面從下半身傳遞強大的力量到球上。

3 上半身保持放鬆的狀態，維持投球姿勢。最後確實地採取隨球動作。

罰球

POINT 需要足以戰勝壓力的堅強精神力

罰球指的是當自己在投籃的時候遇到對手犯規時，就可以得到 1 球～ 3 球的投籃機會。雖然可以藉由罰球得到投籃的機會，卻也可能因此而茫然失措，或是不敵壓力而失手。即使是職業球員，要投出成功的罰球也是很不簡單的。罰球時的重點，就在於足以戰勝壓力的精神強度，以及讓自己的姿勢維持穩固的確實度。為此，藉由平日的練習不斷地積極練投，就是最重要的課題。

1 在放鬆的狀態下，將目標瞄準籃框。

2 一面預想球的軌道，一面將球保持在頭頂的位置。

站的位置在這裡！

如果慣用的是右手，可以將右腳對準罰球線的正中央。藉由這個動作，可以讓自己投籃姿勢的軸心正對著籃框形成一直線。

🏀 提升罰球的成功率！

要提升罰球的成功率別無他法，唯有踏踏實實地不斷累積練投的球數。除了必須將投籃的姿勢固定下來，也必須在腦中演練面臨各種壓力的狀況，或是在練習時設定萬一失敗所要接受的懲罰等等，培養出足以克服壓力的精神強度，在這方面下苦心也是很重要的。

3 以正確而穩固的投籃姿勢將球送出。

4 將球投出後，確實採取隨球動作。

宛如機械般的準確度！

如果以100％的成功率為目標，就必須確立自己的投籃姿勢要像機械般的準確。如果任何時候都能以相同的姿勢，完成從一開始的定點到最後的隨球這一連串的動作，那麼即使投了100球，也能夠讓每一球都飛向同一個地方。不妨透過不斷的練習，將自己的姿勢用身體牢牢記住吧！

👉 CHECK！

做出罰球前的例行動作！

在罰球前，可以看見球員會有運球、轉球的動作，這就稱為例行動作（儀式性的行動）。如果能在罰球前先做過這個例行動作，就能穩定自己的姿勢與節奏，是一種近似儀式性的行為。由於關係著成功的自信，因此不妨思考一下自己適合的模式吧！

運球

轉球

投籃主要的
種類—2

跳投

POINT 將跳躍的力量傳到球上

在定點投籃的姿勢穩定後，就來學習跳投的動作吧！跳投的姿勢本身其實與定點投籃的姿勢無異。這裡的重點，就在於能不能將跳躍的力量確實地傳到球上。為此，就必須懂得掌握將球投出的時機，在跳躍的最高點出球。

此外，即使處在跳躍中這種不穩定的空中狀態，也要能夠穩定地維持姿勢（身體軸心）的平衡，這也是很重要的。要掌握投籃的時機、穩定投籃的姿勢，就必須要不斷累積練投的球數。由於跳投的使用率很高，一定要加緊熟練！

1 以三重威脅的狀態，將目標瞄準籃框。

2 保持定點投籃的預備姿勢，同時垂直起跳。

將重心放低並垂直起跳！

投籃時，不可以因為過於想成功進籃，為了更接近籃框的距離而以前傾的姿勢起跳。一旦破壞了平衡，就會打亂投籃的姿勢，進而影響控球的正確性。因此要注意必須垂直地起跳，讓自己能夠以正確的姿勢將球投出！

3 在跳躍的高度來到最高點的前一瞬間開始投球的動作。

4 維持正確的姿勢，並在跳躍的頂點出球。

5 最後確實採取隨球的動作。

利用甩腕的動作出球！

出球時必須一面注意控球的正確度，一面運用甩腕的動作，並且不要忘了確實採取隨球動作！

CHECK！

在來到跳躍最高點的前一刻投籃！

如果能在來到跳躍最高點的前一刻出手投籃，就能正好在最頂點的高度出球了。不妨有效地利用跳躍的力量。

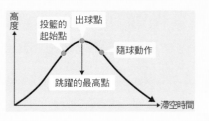

85

投籃主要的 種類一3

帶球上籃

POINT 將球輕巧地放進籃框！

1 帶球進入籃下。圖示為從籃框 左側上籃的情況。

2 空中抓球後跨第 1 步。

3 接著跨第 2 步。

這是一種在帶球切入籃下後起跳，以將球放進籃框的感覺出球的投籃方式。此時的重點在於節奏感。從運球的動作開始，在空中抓住球後跨 1 步、2 步，再直接起跳進行單手投籃的動作。這一連串動作必須要熟練透徹才行。此外，依據進入籃下的方向，分別使用近籃框那一側的手來進行投籃，也是很重要的一點。

 **CHECK！**

在第 2 步垂直起跳！

跳躍時要是為了更接近籃框而往前跳，很容易破壞平衡，而無法跳出足夠的高度，因此起跳時一定要垂直地向上起跳！

NG

4 直接往正上方起跳。

5 左手舉球帶向籃框。

6 在達到跳躍的頂點時,以將球放進籃框的感覺出球。

瞄準點的取法

與一般的投籃一樣,從籃框的正面、正側面投籃時,要直接瞄準籃框;而從籃框的斜側面投籃時,以擦板的方式會比較容易瞄準。不妨根據不同的狀況,正確地設定投籃的瞄準點吧!

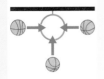

採取將球輕放進去的方式!

出球時並不是將球用丟的,而是要在跳躍達到頂點的時候,以輕放進籃框的感覺來出球,才能穩定地進球。而擦板上籃的時候,也不必勉強非得硬碰到籃板不可,而應該以柔軟地擦過去的感覺來進行。

投籃主要的種類─4　後勾上籃

POINT ▶ 穿過籃下製造時間差

1 帶球進入籃下。圖示為從左側上籃的情況。

2 空中抓球後跨第 1 步。

3 跨第 2 步。在這個時間點穿過籃下。

　　後勾上籃基本上與一般的帶球上籃是一樣的，然而最大的不同點在於，後勾上籃是在穿過籃下後，對背後的籃框進行投籃。面對防守方的緊盯防守時，如果面臨使用一般的帶球上籃會遭到抄截的情況，就可以使用後勾上籃來製造時間差，也是一種頗為有效的投籃方式。此外，根據切入路線的不同而分別使用左手或右手來控球，也是很重要的。不妨確實地看著球，仔細做出精密的控球。

左側切入時以右手上籃

上籃時必須根據切入的路線，分別使用左手或右手來動作。從左側進入穿過籃下，要從籃框右方以背對籃框的方式投籃時，如果以右手控球，比較容易運用籃板，藉以取得有利的姿勢來投籃。反之則使用左手。

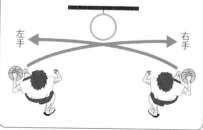

左手　　　　　　　　　　右手

4　在第2步時，垂直向上起跳。

5　右手舉球帶向籃框。

6　一面看著球，背對籃框的方向將球放出。

視線不要離開球

　　由於後勾上籃必須在背對籃框的情況下出球，因此更需要精密的控球。為此，必須要確實地看著球，絕對不能有草草把球投出去就算了的心態！

能在實戰中成功的祕訣！

　　在實戰中，有時候與切入的方向無關，而必須視防守方的位置來決定使用左右手。基本上，從左側切入時，應該是以右手來投籃的，但要是右方正面臨防守方的緊盯防守，球很容易會被對手抄截。這時如果以左手來控球，就能利用自己的身體護球了。在實戰中，應該以不讓球被搶走為最優先的考量！

勾射投籃

POINT 利用身體的寬度護球，同時投籃

1 對籃框（防守方）採取側身的姿勢。

2 用離防守方較遠那一側的手，伸長手臂，持球準備投籃。

3 一面輕跳，一面大動作地將手臂往上揮。

勾射投籃是一種對籃框（防守方）採取側身的姿勢，一面藉由自己身體的寬度進行護球，一面讓球越過防守方來進行投籃的技術。將球保持在身體的側面（相反於防守方的那一側），並從拉長手臂的狀態，以垂直於地面的方向大幅度地將手臂往上揮，並在出球的過程中保持以手指的感覺來控球。由於這時眼睛是盯著與球相反的籃框方向，因此是一個控球難度頗高的投籃技術。

🏀 能在實戰中成功的祕訣！

在體側的位置大幅度地將手臂往上揮的勾射投籃，由於控球難度高，幾乎很少有人會在實戰中使用。目前的主流則是將勾射進化到動作幅度更小的「小勾射」。也因此，勾射就成了只有在別無選擇時才會使用的技術。實施的時候，應該注意揮臂的動作與指尖的球感。

揮臂的動作與指尖的球感是重點！

　　由於勾射必須在不看球的情況下控球，因此揮臂的動作與指尖的球感就顯得格外重要。實施時必須正確地帶動一連串的手部動作，來實現腦中所構想的球的軌道。

4 一面預想球的軌道，一面打直手臂揮球，靠指尖的球感來控球。

5 出球的瞬間必須確實採取隨球動作，以越過防守方的高度將球投出。

CHECK !

小勾射

　　小勾射是從側身的狀態下，以屈肘的方式，掌握將球從肩頭的位置推出的感覺來出球的一種投籃方式。與將手臂大幅往上揮的勾射不同，由於小勾射的動作小，因此比較容易控球，而具有不容易被防守方抄截的優點。而且，由於是採取側身的姿勢，也具有能夠以身體的寬度進行護球的特性。

Let's Try! 應用　熟練應用的技巧！

POINT 　學會能在實戰中有效發揮的技術！

🏀 後仰跳投

相對於垂直跳躍的跳投，這是一種藉由向後方跳躍的方式來投籃的技術。透過向後跳躍投籃的動作，可以與接近而來的防守方拉開距離，確保更廣闊的投籃路線。反之，它同時也具有不易保持身體平衡的特徵。

1 在充分積蓄下半身力量的狀態下持球預備投籃。

2 向後跳躍。這時要注意身體不要失去平衡。

3 在跳躍的最高點出球。不要忘了採取隨球的動作。

後撤步投籃也是一種有效的技巧！

這個技術能夠在防守方阻斷了去路的情況下，發揮等同於爭取到投籃路線的效果。要是怕向後跳會失去平衡，只要在投籃前一刻後退一步，就能確保投籃的路線。

假動作投籃

　　這是一種以假動作誘使防守方搶先起跳，而利用時間差來進行投籃的技術。實施的重點在於能不能將這一連串的動作以流暢的節奏完成，並做出逼真的假動作。

不能有半調子的動作

投籃時所演出的假動作，如果沒辦法讓對手上勾就沒有意義了。半調子的假動作是根本騙不倒對手的，反而會成為多餘的動作，增加讓球被搶走的風險。因此假動作必須做得確實而徹底！

1 將球保持在嘴周附近的位置，迅速做出假動作，誘使防守方早一步搶先起跳。

2 在防守方起跳後開始下墜的同時，迅速地進入投籃姿勢。

3 當防守方著地時，正值我方跳投出球的狀態。

將球保持在嘴周位置而非頭頂上！

做假動作時，並不需要像一般投籃一樣將球保持在頭頂上的位置。因為只是要看起來像要投籃就好，因此只要將球保持在嘴周位置就行了。做假動作時，應該注意儘量讓球貼近身體。

能在實戰中成功的祕訣！

　　做假動作的訣竅，在於身體必須配合球的動態而快速地動作。這麼一來，就算不太動到球，也能表現出大動作的假動作。再加上這樣也比較容易移向下一個動作，因此可以得到更好的效果。

投籃的練習方法

Let's Practice!

POINT ▶ 不斷累積練投的球數是進步唯一的途徑

🏀 金雞獨立式

　　這是可以矯正定點投籃的身體軸心的訓練。定點投籃最重要的，是必須在投籃時，想像由手肘、肩、腰、膝蓋、腳尖所構成的這個身體軸心都保持在一直線上。進行鍛鍊時，如果是以右手投籃，應保持右腳單腳站立的狀態，只靠右手持球並進行投籃，不斷反覆地練習這個動作。只要能夠在這個姿勢下直線地投球，就能夠熟練正確的姿勢了。

🏀 米坎訓練

　　這是一種在籃下進行的投籃練習。從籃下的右方投籃，接住落球後，接著再往左方移動來進行投籃，而接球後又再度往右移動進行投籃——不斷重複這樣的動作。不管是跳投還是勾射，每一種投籃方式都連續各投10球。這個訓練只要每天持續練習，就能提升對球的處理能力，也能學會依照不同的用途，分別使用不同的投球方式。

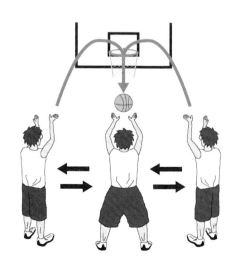

記住 2 步的節奏

　　這是可以熟練帶球上籃節奏的基本練習。站在距離籃框 3 ～ 4 公尺的位置，從持球狀態開始，跨 1 步、 2 步、起跳並投籃，反覆地練習這些動作。如果從左右不同的角度都已經熟練，接下來就要從中線附近開始帶球切入籃下，同樣經過 2 步後進行投籃的動作。抓不到節奏時，可以一面在心中默唸「 1 、 2 、投」的口訣，一面進行練習。

以傳球起始的行進間投籃

　　這個練習的做法是，安排隊友（接球球員）站在距離籃下 3 公尺左右的位置接球，而自己則在傳球出去的同時衝向籃下，在籃下附近再度接應隊友的傳球，並直接進行上籃。透過不斷反覆地練習，便能漸漸學會掌握接應傳球的時機，以及如何接續行進間投籃的一連串節奏。練習時必須讓左右手熟練從身體任何一側都能進行投籃，也可以加入後勾上籃等變化的動作。

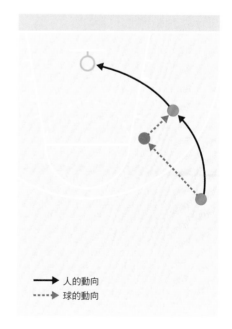

　　→ 人的動向
　　┅┅▶ 球的動向

偉大的天才射手們

那些創造出令人難以置信的奇蹟的天才型射手們

① 雷吉·米勒的奇蹟

　　至今讓我印象最深刻的射手，是名為雷吉·米勒的NBA溜馬隊球員。他在總決賽時，利用抄球、三分球等，在大約最後30秒的時間內，為球隊拿下了整整11分！他的集中力令我大吃一驚。並不是因為他是主力選手，有這樣的表現都是理所當然的，畢竟就一般來說，能夠完成這麼厲害的壯舉也是很了不起的事。我吃驚的點在於，他在只要有一球不進就贏不了的壓力下，還能夠毫無失誤地拿下每一球，並帶領球隊獲得勝利。看到這一幕時，讓我有一種「這才叫做射手啊！」的感觸。我在他身上看見了「不論從哪個位置，我都一定能得分」的氣勢，但相對地，想必這一定也需要相當的練習量……

② 日本的天才射手們

　　就我所知的球員中，豐田的折茂武彥選手，還有已經退休的前愛信的後藤正規選手，都是天才型的射手球員。

　　因為曾與後藤選手隸屬於同一個球隊，所以我很清楚，尤其他在練習方面是很驚人的。在球隊的練習結束後，他會花上整整一個半小時的時間進行投籃練習。就這麼練投了一段時間後，他說自己漸漸能在（球的軌道的）空間中看見一個圓環，還說只要球能穿過這個圓環，就算是在眼睛看不到籃框的情況下也投得進。也就是說，即使被體型高大的長人一躍而上，阻擋住自己投籃的軌道，只要在那瞬間能讓球通過這個圓環，那一球就100%會進球。那種感覺一般人是感覺不到的。當我第一次聽到這個說法時也感到很驚奇，但能夠說出這樣的話，就足以證明他對自己的投籃能力是相當有自信的，也表示他是個能精準無誤進行射籃的天才。

　　相反地，折茂選手就屬於幾乎不太練習的類型。他大概就跟我們一樣，練習量大約只有每天練投100球的程度而已，但結果卻相當有成效，不論在任何情況下都能確實地進籃得分。事實上，我認為他完全是憑感覺在投籃的。或許只能說他真的就是個天才吧！今天如果換作是在他的敵隊，他可是個很可怕的對手喔！

5章

籃板球
REBOUND

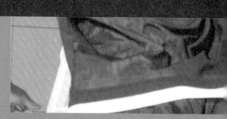

何謂籃板球？

在籃下不斷重演的空中戰＝籃板球，有一種足以左右整場球賽局勢的決定力。

REBOUND

如果能以籃板球壓制對手
就能在球賽中佔得優勢

有句話說：「只要能控制籃下，就等於控制了整場比賽。」在籃球運動中，籃板球佔了相當重要的部分。

就連NBA，一隊的平均命中率也不到5成。也就是說，在籃球比賽中，投籃有一半以上都不會進籃。

由於搶籃板球可以將那些投不進的球保住，因此若說籃板技術的優劣足以左右整場球賽的局勢，其實一點也不為過。

若防守隊無法以防守籃板球保住自己的球，就會增加對手進攻的機會；相反地，若能以進攻籃板球彌補隊友的投籃失誤，就能夠串起後續的攻勢而繼續進攻。進攻的次數越多，得分的可能性就越高，因此若能以籃板球壓制對手，就能夠在比賽中佔得優勢的地位。

搶籃板對於身材高大的球員會比較有利，然而只要有適切的卡位、足以壓制對手的技術，以及「絕對要搶到」的決心，體型不高的球員也能夠有大顯身手的機會。不妨學習基本技術，並記得搶籃板不是某人的責任，而是全隊都要有投身於搶籃板球的積極態度！

1 | 籃板球的種類

在比賽中，必須根據不同的狀況，分別採取好幾種不同的搶籃板方式。基本上有 3 種搶籃板的基本動作要好好學習！

・雙手搶籃板（→100～101頁）
・單手搶籃板（→102～103頁）
・籃板傳球（→104～105頁）

2 | 卡位

為了取得籃板球，佔下比對手更有利的位置，就成了這時最首要的關鍵。尤其是在搶防守籃板球時，進攻方也會試圖取得更超前的位置，因此能夠壓制進攻方的卡位技術，就成了這時不可或缺的利器。

（→106～107頁）

3 | 進攻籃板球的技術

在搶進攻籃板球時，防守方通常都會卡位在比我方更接近籃框的位置。為了在不利的狀況下搶攻籃板，最有效的方法是利用假動作，讓自己能超前於對手的位置。此外，也不妨學會能得分的空中第一時間投籃！

（→108～111頁）

4 | 籃板球的練習方法

後面將介紹的是用以加強籃板能力的個人、多人以至於團隊所能夠進行的訓練。

（→112～113頁）

籃板球主要
的種類─1

雙手搶籃板

POINT 用雙手將球穩穩抓牢

在無人防守時，或是一對一佔了有利的位置時，就可以將落球用雙手穩穩抓牢，實施雙手搶籃板的動作。

重點在於伸長雙手並起跳，在最高點搶到球後，必須馬上將球收進自己胸口的位置。要是漫不經心地將球舉離身體，很容易會被對手撥走。身體落地後，必須記得提高警覺將球抱入懷內。

持球後，如果是防守籃板球，為了串連起快攻，應該迅速地將球外傳給無人防守的隊友；而如果是進攻籃板球，則應該將目標放在直接投籃或助攻上。

1 能不能卡位在比對手更超前的位置，是搶籃板中很重要的一環。

2 早一步察知落球的位置，比對手先一步起跳。

CHECK !

拉長身體到最高點

搶籃板是一種空中戰。為了要搶贏對手，就必須儘量在最高的位置觸球。最好能注意配合球落下的時機起跳，讓身體與雙手完全延伸，並讓自己能在最高點抓到球。

為了避免讓球被搶走，必須將球抱入懷中

搶到籃板球後，要是不慎將球直接亮在對手面前，很容易有被搶球的危險。必須確實地抱入懷中以確保手中的持球。

3 伸長雙手，並在抓到球後，馬上將球收到自己胸口的位置。

4 雙腳落地後，將球抱入懷中，牢牢確保手中的球。

利用三重威脅移入下一個動作

　　搶防守籃板球時，應該以確保持球為最優先的考量；而搶進攻籃板球時，則要以迅速進入投籃或傳球等攻勢為目標。這時最適合採取的姿勢就是三重威脅了。正如P30～31已詳細說明的，三重威脅是一個能流暢地進入傳球、投籃、運球等基本動作的姿勢。此外，由於重心較低，即使被撞到也能保持不動如山的姿勢，就算是在籃下的密集地帶也能發揮良好的效果。

籃板球主要 的種類—2	# 單手搶籃板

POINT 運用手腕將球挽進身體

在與對手爭得你死我活的情況下，如果無暇以雙手搶球，就可以選擇單手搶籃板的方式以單手進行搶球。這個方式可以在比雙手搶籃板更高的位置碰到球。

與雙手搶籃板相同的地方在於，搶到球後必須馬上將球收進胸口方向。不過，由於單手比雙手對持球的掌握更不穩定，因此更需要注意。這時的重點在於手腕的動作。善用手腕的動作，將球挽進手中，直到將球帶到胸口位置後，再以雙手穩穩地持球。

基本上，在搶到籃板球後身體往往會轉向外側，因此應該以籃框側的手（如果身體在籃框右側即為左手）來搶籃板。

1 由於對手會試圖搶在更超前的位置，因此須注意對手的動向並確實地卡位。

2 確認落球的位置，伸出離球較近的那一手並起身跳躍。

👉 **CHECK!**

以籃框側的那一手抓球

伸手搶球時，應選擇近籃框側的那一手。以球員的角度來看，當球落在籃框右側時，就必須用左手抓球；相反地，當球落在籃框左側時，則應以右手抓球。如此比較容易在搶得籃板球後讓身體轉向外側。

3 利用手腕的動作將球搶進懷中，並以雙手確實地抓牢。

4 與雙手搶籃板時一樣，落地後也不可大意，要將球抱進懷中確實地持球。

CHECK!

迅速地將球搶進懷中

抓到球後，必須在半空中迅速將球搶進懷中，並以雙手抓牢。不妨透過不斷的練習，讓自己能熟練這一連串瞬時間的動作。

利用手腕的力量將球挽進手中！

為了能成功實施單手搶籃板，這時最關鍵的就在於手腕的動作。由於以單手抓球的單手搶籃板比雙手搶籃板更缺乏穩定性，因此要是只用手指和手掌來抓球，不僅容易抓不好球，也會提高被對手把球撥走的危險。如右圖所示，只要搶籃板時將手腕往內挽，除了可以確實地將球納入自己的掌控中，也可以讓動作更流暢地將球帶進自己胸前的位置。

籃板球主要
的種類—3

籃板傳球

POINT 利用手腕做調整，傳球給隊友

在籃下這種球員密集的區域，就連單手搶籃板都很難確保能搶到球，更別說雙手搶籃板了。在這種情況下，就可以利用籃板傳球的方式向隊友送出傳球。

實施時，最重要的是要藉由手腕與手指來調整球的力道與方向，並且別忘了在起跳前先確認過隊友的位置。此外，也有讓球反彈到自己的頭頂上方，趁落球時再將球接住的方法。

1 起跳前先確認無人防守的隊友所在的位置。

2 為了要能夠在最高位置碰到球，起跳時要奮力往上跳。

CHECK！

利用手腕與手指調整球向與球距

進行籃板傳球時，是由手腕與手指來控球的。有時隊友可能會在比較近的地方，也可能會在比較遠的地方而非得要大力打板彈球才行。請柔軟地運用手腕與手指，讓自己能夠因應各種球向與球距來進行控球吧！在透過不斷熟練的過程中，就可以讓身體記住力道強弱等微妙的感覺。

3 伸長手臂，在最高點碰到球後，運用手腕與手指進行打板的動作。

4 巧妙運用手腕與手指的動作，確實地將球送往隊友的方向。

事先確認隊友所在的位置

好不容易從一番你爭我奪中搶到機會，成功做出打板的動作，要是將球傳到敵隊手上，就沒有意義了。

在與對手進行激戰時，是很難進行確認動作的，因此必須在起跳前就先確認隊友的位置，牢牢記在腦中，並確實地送出傳球。

分別使用 3 種不同的籃板球

到目前為止所介紹的 3 種不同的籃板球，都必須依照不同的狀況分別選用。當搶球的空間還很充裕時，可以用最確實的雙手搶籃板；當雙方爭搶激烈時，則可以用單手搶籃板；而當情況不利於自己將球搶下時，就可以選用籃板傳球的方式。

雙手搶籃板
當無人防守等搶球空間還很充裕的情況下，可以用雙手牢固地接球。

單手搶籃板
當與對手互相爭搶時，要用可以在更高位置抓球的單手來進行。

籃板傳球
無法由自己搶下球的時候，可利用籃板傳球將球傳給無人防守的隊友。

籃板球的基本動作　卡位

POINT 利用自己的身體做屏障，阻擋對手前進

為了搶贏籃板球，最重要的就是得取得比對手更有利的位置。搶防守籃板球時，必須要能夠壓制進攻球員在將球投出後隨即趨往籃下方向的動作。

這時所需要的，便是所謂「卡位」的技術。也就是以自己的身體作為屏障，阻止對手的侵入。實施卡位時，必須在進攻球員將球投出後，早一步預測出對手的目標路線，並以身體阻擋來壓制對手的動作。

卡位並非只是特定球員的任務，而是所有球員都必須學會的技術。此外，每一次的投籃，都必須隨時注意確保自己佔有比對手更有利的位置。

1 預測試圖搶佔超前位置的對手接下來的動向，早一步阻斷對手的路線。

2 對實施假動作試圖突破的對手實施嚴密的緊盯防守。

👉 CHECK！

不要讓視線離開籃框

要是視線被射手投籃的動作拉走，對手很可能會趁這個空檔竄入禁區。因此用卡位來壓制住對手的動作後，就要保持視線盯準籃框，早一步察知落球的位置。

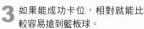

3 如果能成功卡位，相對就能比較容易搶到籃板球。

4 即使成功卡位了，也要確實地保住持球，直到最後都不能鬆懈。

NG

用手推人會造成犯規

雖說要壓制對手的動作，但要是有抓住對方的手或是推人的舉動，自然就構成了犯規。因此從頭到尾都只能以身體的「貼近」來阻斷對手的路線。

利用對位卡位穩固地進行防守

在卡位中有一種有效的應用技巧，就是對位卡位。從穩定的站姿下，屈膝採取低姿勢，並對要實施卡位的對手形成一種懸坐在對方膝蓋上的姿勢。由於重心較低，即使受到對手的推擠，也能夠保持定位。此外，藉由壓制對手的膝蓋動作，也能夠防止對手搶進超前的位置，因此不妨善加活用這個技巧吧！

Let's Try !
應用

進攻籃板球所能使用的技巧①

POINT ➤ 以精確的假動作突破對手的屏障

 跨步切入

對於要實施卡位的對手，表現出要往另一個方向移動的樣子，實際上卻是精準地切入反方向。當對手上勾後，就可以趁對方重整姿勢的空檔，用身體完成搶位的動作，這就是跨步切入的重點。動作本身並不難，重要的是在於假動作的精準度及時間點的掌握。

1 對自己意圖前進的路線實施反方向的假動作。

2 實施假動作時，可以利用膝蓋表現重心的傾斜，以吸引對手的注意。

👉 **CHECK !**

將身體切入僅有的空隙

對手對於假動作的反應不論再小，都是一個機會！不要錯失任何出現的空檔，一鼓作氣地將身體切入其中就對了。

這時只要大步地跨出腳步，即使對手急著想搶回原位，也可以壓制對手的動作。

3 不要錯失對手做出移動的瞬間，大步跨出一步，精準地切入相反側的位置。

4 一口氣互換雙方的位置後，乘勝追擊地直接進入搶籃板的動作。

 **轉身過人**

　　轉身過人是一種巧妙利用轉身動作的技巧。當防守方實施卡位而貼近過來時，巧妙地以對手的身體作為支點進行轉身，以迅速的轉身來切入防守方前面的位置。

　　這時應以一種「將自己的重心轉嫁到對手身上」的態勢，為轉身的動作加入力量與速度。

CHECK！

利用對手的身體做出有力的轉身

　　在進行轉身動作時，只要能找到某個支點，就可以讓動作產生速度與力量。在這個假動作中，對手的身體（尤其是背部）正好是一個最適合轉身的支點；相反地，被當作支點的一方由於必須承擔對手的重量，因此很難自由行動。

1 觀察正在實施卡位的對手的動作，估算轉身的時機。

2 利用對手的背部來轉身。這時要將重心轉嫁過去以加強轉身的速度與力量。

3 透過側身轉身時左腳大幅跨步的動作，可以紮實地確保前進的路線。

4 只要利用轉身的速度與力量，在搶籃板時也能佔得有利的優勢。

Let's Try！應用 進攻籃板球所能使用的技巧②

POINT 一有機會就要鎖定籃框

🏀 跨步轉身

跨步轉身是一種將PART①所學到的2個動作結合在一起的假動作。在反側實施假動作，引防守方趨向該側後，利用對手的半身作為支點，迅速進行轉身。由於動作比較複雜一點，可以先分別練習假動作與轉身的動作後再來挑戰看看。

1 仔細觀察對手的動作後，選定自己的目標路線。

2 如果要以右側為目標，就將重心放在左腳，引對手往左移動。

👉 CHECK！

流暢地實施假動作後轉身

這是一種在做出要從對手身側超越的假動作後，再回到原本的姿勢，並以迅雷不及掩耳的速度進行轉身的技巧。要是有任何一個動作不夠徹底，對手就能及時做出因應，因此必須勤加練習，好讓自己能夠將這2個動作流暢地連貫起來。

3 立刻回到原來的姿勢，趁防守方的重心偏向反方向時，巧妙利用對手的身體進行轉身。

4 利用轉身的順勢，用左腳跨進防守方呈側身狀態下所空出的空間。

 空中第一時間投籃

1 巧妙地配合落球的時間點做起跳的動作。

2 實施的重點在於能不能以手腕吸收落球的衝力。

3 順利吸收衝力後,再利用反作用力以甩腕的方式進行投籃。

　　如果能實施之前所介紹過的3種假動作,搶到防守方前面的位置,就能以進攻籃板球製造得分機會。先牢牢地抓好球後再專注於投籃,這樣並沒有什麼不好,不過一旦時間拖長,就很容易受到防守方的圍攻。因此不妨柔韌地運用手腕,直接在半空中就將落球投出。只要能學會空中第一時間投籃的技巧,就能大大地拓展得分的機會。

CHECK!

柔韌地運用手腕來吸收衝力

　　由於落球具有尾勁,有一定的危險性,因此能不能柔韌地運用作為受器的手腕來緩和衝力,便是非常重要的問題。有時也可以運用手指以彈性的動作進行投籃,不過這時要注意避免造成俗稱「吃蘿蔔乾」的指關節傷害。

Let's Practice! 籃板球的練習方法

POINT ▶ 學會掌握搶籃板球的時間點

🏀 單人訓練

投籃板球時，最基本的就是要能做到在自己跳躍的最高點將球穩穩接住。這項訓練即使1個人也可以單獨進行練習。做法是由自己將球打在籃板上，並在落球的時候將球接住。練習時，必須輪流以雙手、單手的方式進行，並讓身體記住落球的時間點。

待熟練之後，便可以試著在打板的角度與力量上加入各種不同的變化。如果能將球反彈的差別記入腦中，要在實戰中預測球打板後所反彈的落點就會比較容易。

🏀 空中第一時間投籃

這也是 1 個人就能單獨進行的訓練。這次要進行的是空中第一時間投籃的練習。空中第一時間投籃最重要的就是手腕的運用方式，必須要體會其中微妙的感覺才行。要記住這個感覺，就必須不斷地練習。

將球打在籃板上，並在落球時柔韌地運用手腕，以空中第一時間打板的方式繼續將球打在籃板上；落球後就再次實施空中打板。持續進行大約10次的練習後，最後一球則將目標放在籃框，進行空中第一時間投籃；或者改為在接到球後直接採取投籃的方式。

雙人對練

2個人進行練習時，可以有比較豐富的變化。首先由隊友做出一般的投籃，再來進行搶籃板球的練習；相較於單人的訓練，這樣比較能接近實戰的情況。接下來則轉為雙方互搶籃板球的練習，也就是由其中一方做打板的動作，接著2個人同時進行搶籃板球，由搶到球的人直接投籃，並繼續互搶籃板球。

此外，在搶籃板球之前讓對手從後方往前推擠，練習從界外的地方上前搶籃板球，也是一個有效的方式。

團隊練習

以團隊進行練習時，可以更接近實戰的狀態。也就是以3對3的方式，分出進攻方與防守方來互搶籃板球。由於有6名球員密佈在場上，因此要保住籃板球會變得更困難。單手搶籃板及籃板傳球的選用與判斷，以及防守方能不能實施卡位，都是這個練習所強調的重點。防守方在拿到球後應迅速地傳出，做出快攻的形式；另一方面，進攻方在搶到籃板球後，則應立刻進行投籃的動作。而防守方則應對此做出防範。

籃球二三事①

朝國際化邁進的NBA

籃球界的國際化趨勢越來越鮮明，就連NBA也不例外。

① 擁有80名以上的外國球員

你知道有多少國家在從事籃球這項運動嗎？直到2006年10月為止，加盟國際籃球總會（FIBA）的國家和地區，實際上已多達212個了。

這個數字已經超越了國際足球總會（FIFA）的加盟數204個，足以顯示出籃球在全世界擁有廣泛的普及率。

這股國際化的熱潮，也顯現在世界最高的籃球聯盟殿堂——美國的NBA中。

或許有些人會以為所有的NBA球員都是美國人。但是，在05/06季的NBA登記球員中，有高達82名來自38個不同國家與地區的外國球員。由於在95/96季中，只有26名來自17個國家的外國球員，等於在10年間成長了3倍以上。NBA全部共有30支隊伍，因此算起來平均每一隊就有2名以上的外國球員。目前就算說「沒有外國球員，就沒有NBA」也不為過。

例如連續 2 季被選為年度最優秀球員的鳳凰城太陽隊球員——史蒂夫‧奈許（加拿大），以及以達拉斯小牛隊的主力球員之姿，帶領球隊打入決賽的德克‧諾威斯基（德國），都扮演著球隊支柱的角色，甚至成為足以代表聯盟的超級巨星，像這樣的球員也不在少數。

② 來自亞洲的NBA球員誕生

細數活躍於NBA的外國球員，雖然像諾威斯基這樣出身於歐洲國家的人佔了多數，然而非洲、南美洲甚至是亞洲國家，也開始有一些NBA球員誕生了。

擁有229cm的身高、以現役球員中最高大的長人著稱的中國球員——姚明，相信大家也都很熟悉。

而日本球員方面，則有04/05季的田臥勇太，以太陽隊的一員，首次站上了NBA球場，並且得到了萬眾矚目的第一分。田臥選手目前仍以進入NBA為目標，在美國奮鬥著。

讓全世界為數眾多的球迷深深著迷的NBA，今後必然也將越來越朝著國際化的方向前進。期待繼田臥選手之後，日本也能陸續出現更多進入NBA的球員。

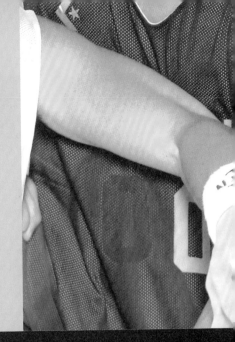

6章

防守
DEFENSE

何謂防守？

為了打造出不敗的強大球隊，穩定的防守能力是不可或缺的！

DEFENSE

**為了培養最基礎的技術
必須要以正確的姿勢反覆練習**

　　相較於耍帥動作比較多的進攻，防守經常給人一種低調不起眼的感覺。不過，若不能阻擋對手的攻勢，就不可能贏球。因此，唯有具備能壓制對手攻擊、串起我隊攻勢的防守力，才能與對手拉開差距。

　　防守的基本技術並不複雜，只要以正確的動作反覆地進行練習，每個人都可以學會。步法等強化體力方面的訓練雖然辛苦，但為了贏得比賽，就必須勤奮不懈地努力練習。

　　不過，比賽中必須要能夠因應各種不同的狀況，像是對手是否持球、與籃框距離的遠近等，以此來改變防守的方法。要能像這樣在面對各種狀況時做出正確的判斷，需要的就是經驗的累積了。

1 | 防守的基本姿勢

　　首先，應該將防守的基本姿勢好好地讓身體記憶，以因應如投籃、傳球、運球等這些由對手發動的各種行動。

（→118～119頁）

2 ▎對持球球員的因應

後面要學的是面對持球球員時的防守方法。視對手是否能夠運球，因應的方式也有所不同。
（→120～121頁）

3 ▎對非持球球員的因應

面對敵隊的非持球球員時，一個方法是防止對方傳球，另一個方法是要取得有利於協防的位置。
（→122～123頁）

4 ▎移動步法

後面要學的是進行防守時最重要的腳步運動方式（步法）。
（→124～125頁）

5 ▎阻運

針對要阻斷對手運球時所應注意的事項來進行解說。
（→126～127頁）

6 ▎阻攻

學習對進入投籃動作的對手採取阻攻的方法。
（→128～129頁）

7 ▎防守的練習方法

介紹如步法的強化及取位的練習等等，在防守上所必需的練習方法。
（→130～131頁）

防守的基本姿勢

防守的
基本動作—1

POINT 熟練能夠因應對手行動的姿勢

🏀 防守的基本姿勢

採取正確的姿勢，是為了因應對手的行動所必需的最低條件。

防守中最需要注意的，就是被進攻方突破防線。因此這時應採取重心放低、屈膝半蹲的低姿勢，身體則略呈現出側身的角度，以因應對手的切入突破。

此外，將手舉起來，對對方傳球與投籃的動作施加壓迫，也是很重要的一環。時時保持視線平視前方，不要錯失對手任何動作的變化。

隨時保持單手高舉的姿勢，以牽制對手針對體側或上方的位置進行傳球或投籃。

頭部與上半身挺起來，仔細觀察周圍的狀況，才能夠迅速反應對手的行動。

另一手保持在下，提防對手做出帶球切入或是地板傳球的動作。

雙腳最好能保持略大於肩寬的步幅。這時不是以正面面對對手，而是一隻腳要稍微以斜向的角度側站。

雖然基本上是採取低姿勢，但為了避免前傾的情況，必須保持頭部與上半身挺起來，不要駝背。

只要屈膝放低重心，採取低姿勢，即使對手發動行動，也能夠迅速地做出反應。

NG

切忌過於前傾。因為要是重心在前，就不容易做出因應的動作；而且視線向下的話，就無法觀察對手的動作。

CHECK!

基本上應與對手保持一隻手的距離

　　防守時，與對手之間的距離感是很重要的。面對持球的進攻球員時，不論距離太近或太遠，都難以抑制對手的突破。因此應該以不遠不近的距離為準，如圖所示，與對手保持一隻手的距離。

　　實際比賽時，當然不會有充裕的時間與空間能讓我們以這個方法去確認與對手之間的距離。因此必須透過練習，讓身體自然地培養出這個一伸手就可以碰到球的距離感。

防守的
基本動作—2

對持球球員的因應

POINT 採取適當的距離以因應每一個動作

🏀 取位的基礎

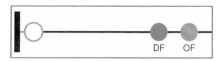

對持球的進攻球員實施緊盯防守時，如右圖所示，站在進攻球員與籃框相連所構成的直線上是最基本的。在一般情況下，並不是一個勁地盲目搶球就好，而是必須先思考如何壓制對手的動作，防止遭到對手的突破。而與對手之間的距離，正如P119所介紹的，應以一隻手的距離為準。

不過，若是在對手無法運球的情況下，應該一口氣縮短距離並施加強大的壓迫感，使對方無法出手投籃或傳球。

防守時最先要考慮的，就是如何避開對方所有投籃的攻勢。而為了避免遭到對手的帶球突破，最基本的就是必須讓雙方保持適當的距離。

注意不要過於側身

為了讓自己能夠因應對手從旁閃身突破的行動，最重要的是不能與對手正面相對，而是要採取稍微有點側身的角度。但要是身體的角度過偏，就會給對手留下更廣闊的視線，而增加對手可以選擇的路線。

死球的情況

　　持球者停止運球、無法移動的狀態，就稱為「死球」。

　　這時的選項就只有傳球或投籃這2條路，所以之前為了防備進攻方的運球突破所採取的距離就不再需要了。這時要接近對手，緊緊地貼近對方的身體，使對手無法進行傳球或投籃的動作。將手高舉可以防止對手進行傳球或投籃的動作，同時也具有遮蔽對手視線的作用。

 活球的情況

　　所謂的「活球」，就是持球者仍然能夠選擇運球、傳球、投籃等所有動作的狀態。

　　身為防守球員，絕對不能讓對手有機會施展出連結投籃的攻勢。為了避免遭到對手的突破，必須拉開到一個伸手就可以觸及到球的距離，實施緊盯防守。

　　如此一來，也比較容易因應對手速度上的變化。此外，這也是一個能夠在對手進入投籃姿勢後實施阻攻的距離。

防守的基本動作—3　對非持球球員的因應

POINT 視情況採取適切的行動

對非持球球員的因應

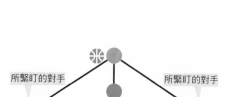

●…DF　　●…OF　　🏀…球

右圖所表示的是當我們所緊盯的對手未持球時，所應採取的基本位置。也就是要站在所緊盯的對手與持球球員、籃框所構成的三角形的角度中，位於正中央的位置。因為這個位置可以在傳球時比較容易進入傳球的路線，而當持球球員甩開防守方的緊盯並突破防線時，也可以馬上進行協防（為被突破的隊友進行補位）。

所緊盯的對手　　　　　　　所緊盯的對手

阻絕防守

為了不讓球傳到所緊盯的對手手上，伸手出去破壞掉傳球路線的防守，就稱為阻絕防守。尤其對手如果距離持球球員很近的話，傳球過來的機率自然也很高，因此就可以利用這個方式，讓進攻球員無法輕易地將球傳過來。

這時要注意的是，不論是持球球員還是所防守的進攻球員，我們的視線都必須緊盯雙方的動向，避免被對手突破防線。

雙槍防守

如果持球球員與我們正在緊盯的球員距離較遠時，可以稍微拉開防守的距離，選擇一個可以兼顧緊盯的球員、又可以為被突破的隊友進行協防的位置。正如雙槍防守的名稱所示，手指要模擬槍隻的形狀，指向持球球員與緊盯的球員，觀察兩者的動向，並且必須根據狀況的不同，採取適切的行動。例如當持球者帶球切入時，就應選擇上前進行協防。

阻絕防守時應注意背後的動作！

實施阻絕防守時，必須要注意自己所緊盯的球員背後的動作。

想要預測對手會不會傳球，勢必就得觀察持球者的動作，然而要是太過將注意力放在持球者身上，往往容易忽略更重要的部分，而錯失眼前所緊盯的球員動作上的變化。

將手擋在傳球路線上是最基本的一點，然而對手勢必也會為了甩開防守方的緊盯，而不斷地動來動去。因此這時就必須配合對方的動作來修正自己的位置，並務必隨時將手置於傳球的路線上。

防守的
基本動作─4 　**移動步法**

POINT ▶ 防守的基礎在於腳步的移動

側步

側步是最基礎的步法。像是速度不快的運球等等，這種腳步的移動方式主要是用來因應對手的側向移動。關鍵在於，即使是在移動重心的過程中，也必須一直維持防守的基本姿勢。此外，動作不要太大，只要流暢地移動腳步就可以了。

1 眼睛確實地確認對手的動作，並注意隨時保持防守的基本姿勢。

2 配合對手的動作，將重心移到左腳上。注意保持上身的穩定，重心不要過高。

交叉步

在對手運球速度比較快的時候，可以運用交叉腳步的方式進行交叉步移動。透過腳步的交叉移動，可以拉大移動距離，因此也比較容易能跟上速度。動作時應採取側身的姿勢，並保持視線隨時注視對手的方向。

3 要因應對手快速的移動時，注意讓上半身保持在比較低的位置。

4 以交叉腳步來爭取距離。這時雖然會形成側身的姿勢，但頭部與上半身仍必須朝向對手。

3 流暢地收回右腳。動作不要太大,以小碎步有節奏地移動。

腳步的移動應以「滑步」的方式

在做側步的動作時,最重要的是必須維持低姿勢。一旦重心抬高,就無法對進攻方的切入做出因應了;而要是腳步抬高,也會連帶地提高腰部而破壞平衡。請如圖所示,運用滑步的動作,讓重心保持在比較低的位置。

拳擊步

若是以整個腳掌緊貼地面的方式來進行防守,很容易會對進攻方突如其來的動作變化來不及反應。只要腳跟懸空、運用拇趾及趾根掌丘一帶有節奏地躍動,當對手切入時,就能流暢地因應。

CHECK!

**腳跟懸空,
碎步地移動**

如圖所示,讓腳跟離地而懸空,並碎步地進行移動。

防守的基本動作—5　　**阻運**

POINT 縱使有效還是得慎重運用的技術

1 以不被突破為最首要的考量，與對手拉開適當的距離。要是距離太近，很容易讓對手有突破的機會。

2 一面縮短雙方的距離，一面觀察對手的動作。當對手運球運得比較高的時候，不要錯失可以進行抄截的機會。

在對手運球的時候抄截對方的球，就稱為抄球。這是一種可以有效奪回進攻權的技術，然而也很容易因為出手太莽撞，結果反而被對手突破，或是因為肢體的碰撞而造成犯規。這時最重要的一點，就在於保持適當而正確的距離，以避免遭到對手的帶球突破。當面臨非得冒險的情況時，或是對手亂了運球節奏或有所失誤時，只要有「一定能搶到球」的把握，不妨就放手一試吧！

以「不被突破」為優先

對運球進行防守時，應該以「不被突破」為優先考量。如果硬要實施阻運，很容易如圖所示般產生足以讓對手突破的空隙，因此必須特別注意！

3 為了避免犯規，進行阻運時不要大動作地伸手，而應運用手腕將球撥開。

4 撥球後要閃身以避免撞到對方的身體，並迅速地將球撿起，取得球權。

👉 CHECK!

看準球離手的瞬間！

　　即使碰到了球，要是在進行阻運的同時碰到了對方的手，就會造成犯規。為了避免犯規的發生，應遠離對方的手而在半空中實施阻運。看清對手的運球方式，當對方運球運得比較高的時候，以及控球不穩的瞬間，都是可以鎖定的目標。這時應迅速地做出反應，以小幅度的動作伸手撥球。

防守的
基本動作—6

阻攻

蓋火鍋是最後的手段

1 面對對手的投籃，或多或少的施壓是能夠降低其進籃率的重要因素。

2 基本上應該等對手起跳後再跳躍，然而如果像圖示一般面對比自己高大的對手時，不比對方先起跳是無法蓋到火鍋的。

蓋火鍋是阻攻最後的手段。只要成功，就足以左右局勢，然而卻也伴隨著因犯規而給予對方罰球機會的風險。為了不讓對手以自己的節奏舒舒服服地投籃，最首要的工作就是要施加壓迫。蓋火鍋時，應該運用與射手慣用手相同的那隻手，從旁將手錯開以避免發生肢體的碰撞。基本上應該在對手起跳後再跳，然而面對比自己高大的球員時，就需要比對方先一步起跳了。

為了避免犯規

要是與對方有身體上的碰觸，就會造成犯規。當對手以右手投籃時，如果以左手進行阻攻，很容易發生身體上的碰撞，因此這時最好以和對手投籃同一邊的手來進行阻攻。

3 由於與對手發生碰撞便會構成犯規，因此阻攻時應該直接就地垂直起跳。如果對手慣用右手，就以右手進行阻攻。

4 即使是在將球撥掉後才發生碰撞也算犯規，因此動作時應該讓手從旁錯開，避免發生肢體的碰撞。

面對行進間投籃時

行進間投籃的阻攻，比跳投的阻攻風險更高。要是與對手發生身體上的碰撞，就有可能會被判犯規，因此可以慢一步起跳，在對手將球投出後，在空中把球從後方撥掉。

1 要是搶先起跳，很容易與對手發生身體碰撞而造成犯規，因此應該比對手慢一步起跳。

2 當對手將球投出後，趁球還停留在半空中的時候，從後面將球撥掉。

Let's Practice!

防守的練習方法

POINT ▶ 反覆練習直到學會保持正確的姿勢

🏀 基本姿勢練習

　　保持基本姿勢，是防守中相當重要的一環。一面下壓腰部來放低重心，一面保持頭部與上半身挺起來並面對對手。這個姿勢在還不習慣以前會滿吃力的。儘量將正確的動作穩固下來，讓自己不論在何時都能保持基本姿勢。可以參考P118～119的說明，採取正確的姿勢，並在原地維持數分鐘（2～3分鐘）。此時必須確認是否有身體前傾，或是姿勢跑掉的情況。

🏀 步法練習①

　　要讓防守能夠做到緊咬對手不放，關鍵就在於步法；而步法所需的條件，就是體力與爆發力，因此必須注重訓練的質與量。利用哨音進行步法的練習就是一種頗有成效的方式。如圖所示，向左右兩側進行移動，一聽到哨音，就馬上轉往相反方向行進；待熟練之後，可以伴隨著哨音用手來指示行進方向。除了左右方向之外，不妨再加入前後的方向。

步法練習②

　　這是針對高速移動的對手進行緊盯防守時，所採用的步法練習。由擔任進攻方的球員以Z字型前進，再由防守方球員利用交叉步的方式，緊跟著對手不放。雖然這時是以倒退的走法緊追對手的移動，但應該注意必須經常保持側身，並讓視線隨時緊盯對手的動向。練習時，也可以換成進攻方持球並運球移動。

 取位練習

　　防守的取位，會隨著對手是否持球而有所改變。這項練習就是為了讓身體學會對這種位置的變換，能夠自然地做出因應。以3對3的方式分為防守方與進攻方，由進攻方以繞場的方式傳球。由於持球者會不斷換人，因此防守球員必須配合這個情況，各自採取正確的位置。練完一輪後，進攻方可以再提高移動上的複雜度來進行練習。

●…DF　　●…OF　　🏀…球

──→ 人的動向　┈┈▸ 球的動向

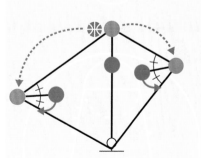

籃球二三事②

於日本舉辦的「世界籃球錦標賽」

風靡全日本球迷的籃壇世界冠軍決定賽

❶ 世界超一流選手於日本齊聚

2006年夏天，世界級的超級明星籃球員全都齊聚於日本，只為參加2006年FIBA世界籃球錦標賽。在全球性的賽事中，有「奧運」及「世界錦標賽」可以決定出世界男籃冠軍；其中又以世界錦標賽擁有比奧運多一倍、共24隊的參賽隊伍，堪稱為「籃球界最大的盛會」。

自1950年於阿根廷展開第一屆世界錦標賽以來，原則上以4年一度的週期定期舉辦。而第15屆的本屆大賽，則是有史以來第一次在日本舉辦。

在世界各地的預賽中勝出的24支強勁隊伍，經過在札幌、仙台、濱松、廣島所舉行的預賽後，決定出各組的前4強，繼續參加在埼玉舉行的決賽，爭奪冠軍的寶座。

在本次大賽中，有為數不少的NBA球員出賽。身高超過2m的球員們華麗的演出、極具震撼力的球技，風靡了全日本的球迷。

以美國代表隊的陣容而言，就連被視為麥可·喬丹接班人的雷霸龍·詹姆士（騎士隊），以及帶領熱火隊登上NBA冠軍寶座的德韋恩·韋德等超級明星球員都沒有缺席；除此之外，雅典奧運的金牌得主——阿根廷代表隊的吉諾布里（馬刺隊）、西班牙代表隊的主力球員——保羅·加索爾（灰熊隊）、德國代表隊的王牌球員——德克·諾威斯基（小牛隊）、中國代表隊的姚明（火箭隊），以及各國的NBA明星級球員全都齊聚一堂，精湛的表現著實令人嘆為觀止！

❷ 對日本而言是一項貴重的資產

一開始，最被看好能在這次的世界錦標賽中重奪冠軍寶座的美國隊，竟然在準決賽中輸給了完全沒有半個NBA球員的希臘隊——就在這種跌破專家眼鏡的局面下展開了決賽的序幕。結果在總決賽時，由加索爾所率領的西班牙隊，以壓倒性的差距粉碎了希臘隊的美夢，首度奪得冠軍的殊榮。

擁有廣大地主球迷的支持作為後盾的日本隊，在預賽時以1勝4敗的戰績結束了冠軍夢，可惜無緣進入目標的敗部復活賽。但是，能夠與世界的強者展開一場真槍實彈的比賽，並且能在日本國內主辦這場盛事，這些經驗，無庸置疑地都將是今後日本籃壇最大的資產。

7章

佐古賢一的
祕傳技巧
SUPER TECHNIC

秘傳技巧─1　**佐古賢一的祕傳技巧①**

POINT 以時大時小的動作擾亂對手

🏀 運用膝蓋
實施假動作

　　這是只要利用小幅動作，就可以讓對手大幅移動的假動作。這項技術的原理是，讓重心停留在腰部，只移動膝蓋，讓對手誤以為我們跨出了一整步。實施時要是上半身前傾，膝蓋就無法往前移，因此必須保持頭部跟上半身挺立，讓膝蓋能夠順利移動，才是最理想的形式。

1 上半身要是前傾，膝蓋就無法移到適當位置，因此必須讓上半身挺起來。

2 保持上半身挺起來的姿勢，膝蓋往前彎曲，引對手大幅移動。

👉 **CHECK！**

以10cm的動作引出1m的移動

　　不需要用1m的動作去引出1m的移動，如圖所示，以10cm的動作引對手做出1m的移動，才算是成功的假動作。說到假動作，或許會給人一種必須移動腳步的印象，但請各位了解，像這樣只動用膝蓋的動作，其實也可以發揮假動作的效果。

運球的下球

在帶球切入的過程中，實施假動作並往前挺進時，下球不能只是下在腳邊，最好能夠往前拉大下球的幅度。透過將球下在防守方身後再追上該球的動作，就可以將速度發揮出來，藉此便能一口氣將對手拋在身後。

1 嘗試實施假動作，利用帶球切入的方式從對手身旁突破。

2 發現對手上勾後，即拉大下球的幅度往前下球。

CHECK!

儘量將球推得更遠

可能有很多人會在實施假動作後，就直接在腳下開始運球；然而與其一步一步地運球，不如將球推得更遠再上前追球，更能發揮速度，畢竟腳步比原本跨得更大了。能不能在對手上勾後第一時間進行動作，也是非常重要的部分。

3 下球時儘量讓球與自己的身體拉開距離。以追球的感覺大步地跨出腳步，利用追球的速度一口氣甩開對手。

祕傳技巧—2　**佐古賢一的祕傳技巧②**

POINT ▶ 學會適合自己的技巧

🏀 三重威脅

　　正如之前說明過的，對籃球來說，保持一個能即時進行傳球、運球、投籃的三重威脅姿勢是很重要的。必須讓自己的身體採取一個最好移動、最能發揮力量的姿勢才行。以下將針對三重威脅的做法進行介紹。

　　首先，請試著在雙腳站開約與肩同寬的姿勢下垂直起跳。即使你沒有注意到，但人在試圖想要跳高一點時，將身體蹲到最低是最能累積力量的。由於蹲的角度每個人都不同，因此不妨嘗試各種角度，找出自己最能施力的位置。這就是三重威脅的基本姿勢。

1 雙腳張開與肩同寬，盡全力垂直跳躍到自己的最高點。

2 為了跳得更高，儘量蹲到最低的姿勢就是最能累積力量的位置。

👉 **CHECK！**

不論受到前後左右的推擠都要保持穩固的姿勢

　　三重威脅是一個不論在前後左右受到推擠，也能夠保持身體軸心的姿勢；即使受到碰撞，姿勢也不會走樣。當能夠做出三重威脅的姿勢後，不妨請隊友推擠自己的身體看看，實際去感受這個姿勢的效果。

變向運球

　　這是一種藉由變換運球方向和運球節奏來甩開對手的技術。其中的重點在於，運球時即使停止跑動，也不能讓球形成死球。在保持運球的狀態下直接後退，趁對手心想「他要撤退了！」而鬆懈戒備時加速闖過，甩開對手。

1 一開始先以運球朝籃框方向前進。

2 停止運球的跑動，接下來一面運球、一面後退。

👉 CHECK!

**有效活用
跨下交叉運球！**

　　在難以突破對手的時候，最有效的方式就是跨下交叉運球。請善用這項技術，以完成急轉向和急加速的動作。

3 在對手出現空檔時，一鼓作氣地加速闖過。

4 以跨下交叉運球的方式進行轉向，一口氣甩開對手。

熟練基礎並調整為適合自己的球路

雖然基礎的重要性不容忽視，然而適度的調整也同樣重要

① 將基礎技術化為自己的技術

進行到這裡，已經針對各種籃球所必需的基礎技術做了概略的說明。不只是籃球，對所有的運動來說，基礎技術都是一個不容忽視的重要關鍵。

長時間打球下來，即使會不斷學習到各種新的應用技術，但基礎技術的重要性卻永遠都不會改變。因此不妨以正確的姿勢反覆地練習，將基礎技術徹底地融會貫通。

只不過，在學會了基礎、理解了該項動作後，也別忘了要做一些適合自己的調整。別人所教你的東西，即使依樣複製，也不可能青出於藍。況且，不論是多麼高明的教練，所教的東西也不見得是百分之百完全正確。因此，以所學到的東西為基礎，同時加入自己的想法，進而化為屬於自己的技術，這一點是非常重要的。

舉例來說，我建議的「帶球過人時，腰部的高度要儘量保持不變」，這一點就不是別人告訴我的，而是我在實際操作時，認為「如果要在帶球過人時才壓低腰部，不如從一開始就以較低的重心切入，反而更能縮短時間，更快突破對手的防線」——像這

樣思考過後所得出的方法論。這種細節的部分，別人通常是不會告訴我們的，因此必須自己親身地思考，去找出自己的答案。

② 將所學的技術加入自己的想法

雖然之前我介紹了不少打球的技術，但當然這也不是所有的人都適用的。因為每個人的身高和球風都不同，所適合的打法自然也因人而異。就如我在說明三重威脅的做法時也說過的，每個人最容易施力的姿勢與位置都不一樣。所以與其說哪個姿勢才是正確的，不如說是自己最能夠使力的姿勢就是對的。這一點用在其他的技術上，也是同樣的道理。

在理解自己的特質後，將所聽到、所學到的技術加入自己的想法，才可以成為一項100％的技術。包括本書中所介紹過的技術，其實都只不過是帶領你進步的一個提示而已。期待讀者能夠以此為基礎，找出對自己而言更好的方式。

8章

基本戰術
BASIC STRATEGY

盯人防守

盯人防守的方法

POINT ▶ 5人各自鎖定負責對象的防守方式

所謂的盯人防守，就是由每一名球員各自鎖定自己負責防守的對象，以1對1的方式進行防守。這種防守的優點在於可以讓對方不容易出手，但同時也具有個人力量的差距很容易被突顯出來的特徵，因此必須特別注意。此外，如果在1對1之下遭到突破，或是漏失掉自己負責緊盯的球員時，可能會無法在人數上取得優勢，這點也要注意。本篇將針對盯人防守，介紹一些可以讓團隊合作更圓滑、更彈性地發揮防守作用的技巧。

🏀 基本的防守位置

盯人防守時，每一名進攻球員都有一名防守球員緊盯在側。這時要注意的是取位問題。對於持球的Ⓐ，ⓐ應該站在籃框與Ⓐ所連成的直線上，ⓑ則應該在「以Ⓐ為頂點，Ⓑ與籃框之間所連成的角度」的二等分線上就防守位置。

1️⃣ 輪轉防守

當防守球員ⓐ遭到持球球員Ⓐ帶球突破時，即由原本負責防守Ⓑ的ⓑ上前阻擋Ⓐ的去路，以防止己方禁區遭到侵入。由於這時ⓑ會處於無人防守的狀態，因此原本負責ⓑ的ⓒ要過來接手，而轉由ⓐ來負責防守Ⓒ。為了能夠即時地進行這種防守對象的交接（輪轉防守），必須經常假想到防守對象甩開時的情況來進行練習。

2️⃣ 阻絕防守

這是當持球的Ⓐ在ⓐ的緊盯防守下中斷運球，試圖要傳球給Ⓑ時，由負責防守Ⓐ的ⓑ進入其傳球路線中，以防範Ⓑ展開進攻的打法。以雙人包夾的方式，不讓進攻方的球員出現無人防守的空檔，讓情勢形成2對1的狀況，是一種針對防守無持球球員時的主要技巧。這時如果Ⓐ是得分力較強的球員，ⓐ可以守在比較近籃框的位置；如果Ⓐ是得分力較弱的球員，則可以往比較靠近傳球路線的位置挪一點。

<3> 在前防守

當持球球員▲利用▲進行掩護時，負責防守▲的 ⓐ必須堅守原本緊迫盯人的守勢，強行穿插進▲與 ▲之間。這時不是用整個身體，而是應該先以手擠 進兩人之間，即為在前防守的重點。

<4> 穿出防守

這是指中間隔著掩護球員▲，從持球球員▲的反側 繞到禁區內的防守方式。如果對方出手投籃的機率 不高，或是無法進行在前防守時，就可以實施穿出 防守。

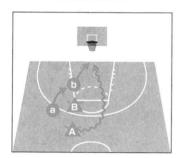

<5> 交換防守

當進攻方採取掩護時，以喊話來進行防守對象的交 接。當ⓐ與ⓑ的身高差距不大時，在對防守絲毫不 構成任何障礙的情況下，都很適合實施交換防守。

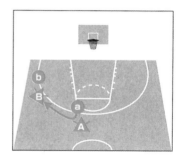

<6> 包夾防守

這是指動用2名球員來防守1名進攻球員的防守方 式。當對方在籃框附近停止運球，或是在三分線邊 緣等情況下實施時，會有很好的效果。

👉 CHECK! 盯人防守的優點在於？

盯人防守具有以下的優點：①一 旦學會基本的防守技巧，就可以馬上活 用。②只要分析過球員的身高與能力， 就可以決定各自負責鎖定的對象。③可 以很明確知道每一項防守工作的責任所 在。④相較於區域聯防，盯人防守在問 題點的修正上是比較容易的。

盯人防守 ## 盯人防守的攻略

POINT ## 要熟練如何製造無人防守的空檔

要破解盯人防守，攻略法就在於「製造機會產生無人防守的球員」。為了製造出無人防守的空檔，可以多加利用行進間傳球、掩護等技巧。

🏀 行進間傳球

持球球員一傳球給隊友後，就立刻深入前方，再繼續接回隊友的傳球，這種打法就稱為「行進間傳球」。不要覺得把球傳出去就沒事了，應該在打球時一面思考這記傳球要如何串起後續的攻勢。為此，就必須要仔細觀察周圍的狀況，與接球的隊友達成共同的默契。

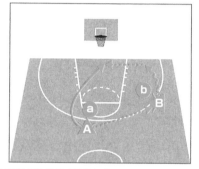

這就是行進間傳球的基本動向。進攻方的持球球員 🔺 傳球給隊友 🔴，之後再由 🔺 深入籃下，接受 🔴 的傳球。

前切

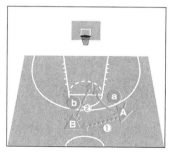

進攻方的持球球員 🔺 先傳球給隊友 🔴（①），之後立刻搶進防守球員 ⓑ 正面的空位，等球回傳後就直攻籃下（②）。

後切

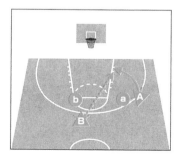

當防守球員完全封死了傳球路線時，可以實施後切，切入防守球員背後的空檔。

② 掩護

掩護指的是隊友利用身體作為屏障,其他的球員則借助隊友的屏障繼續進攻的打法。實施掩護時,必須小心犯規的問題。因此以背對的方式進入掩護位置時,應儘量張開手臂,以背部或手肘來壓制對方;而以面對面的方式進行掩護時,則應該儘量讓雙手交叉於胸前,避免手去接觸到對方的身體。

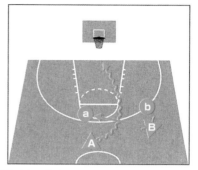

當持球球員 A 被 b 阻擋下來時,進攻方的隊友 A 即針對 a 進入掩護位置,以封鎖對方的防守(內側掩護)。

外側掩護

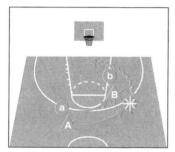

隨著進攻球員 A 的移動,由持球員 A 作為掩護球員。這時 A 可以近距離交遞或拋傳的方式,將球傳給 A。

運球掩護

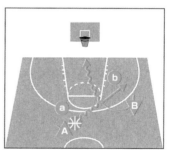

由持球球員 A 運球接近 a,以近距離交遞或拋傳的方式將球傳過去。並直接由 A 作為掩護,打破防守方對 A 的防守。

 CHECK! 突破盯人防守的缺點!

盯人防守有以下的缺點:①負責緊盯得分球員的防守球員,很容易有犯規數激增的情況。當身高或能力差距懸殊時,同樣也會有這個問題。②有時如果過度專注於負責防守的球員,可能會無法發揮團隊防守的效果。

區域聯防的方法

POINT 籃框周圍的區域用 5 個人來防守

相較於針對個人的盯人防守，區域聯防是由各個球員針對每個區域進行分擔，互相彌補每個人的弱點和身高差距上的不足。

① 2－3區域聯防

這是前 2、後 3 的人員配置，是區域聯防中最常使用的系統。後方的 3 人如果能配置長人，對於高大的對手就能發揮有效的防守。如果防守球隊中只有一名長人，可以在 3 人中的中央配置長人，以確保籃板最有利的位置。

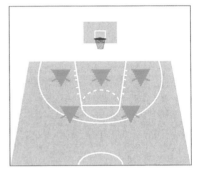

由於後方配置了 3 名球員，籃下守勢堅強，但由於前線只有 2 人，因此對來自於外線的攻擊也很容易產生因應能力比較薄弱的缺點。

② 3－2區域聯防

前 3、後 2 的人員配置，是區域聯防中以攻擊為取向的打法。由於前線配置了 3 人，可以在抄球、截球或搶籃板後立刻轉為攻擊。此外，3－2 也具有對來自於外線（特別是45度）的攻擊因應能力比較強的優勢。後方的 2 人以配置長人為佳。

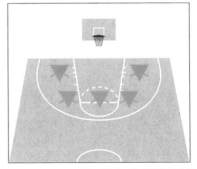

由於後方只有 2 名球員，籃下比較容易出現空檔。此外，也必須注意來自於角落附近的外線攻擊。

 1－3－1區域聯防

　　這是將目標集中在高位（罰球線附近）的系統，尤其在防守方只有 1 名長人的情況下，可以發揮良好的效果。讓長人球員站在中央，可以大範圍移動的球員則在前方施加壓迫。由於將重點放在內線，對於以中鋒的禁區單打為主要得分來源的球隊，特別適合使用。

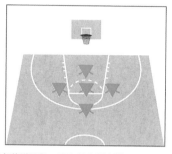

由於角落附近與45度容易出現空檔，因此要注意避免讓兩側的球員輕易地利用這個空檔傳球。

 2－1－2區域聯防

　　面對擅長以中鋒禁區單打的球隊，或是擅長處理籃板球的球隊，2－1－2 是最具代表性的防守系統。雖然型態與 2－3、3－2 接近，但如果能在高位配置 1 人來顧全內外的平衡，並徹底執行隊內所必須扮演的角色與職責，就能達成有效的防守。

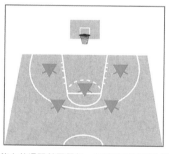

雖然能有效邊阻禁區單打，但缺點則是對於經常使用外線攻擊的進攻方比較沒辦法。不妨先看清敵隊的球路風格，再選用適合的隊形。

 **CHECK!** 區域聯防的優點在於？

　　區域聯防具有以下的優點：①可以互相彌補個人的弱點。②容易進行籃板球的處理，能夠迅速地從防守切換為快攻。③可以配合進攻隊的屬性以適合的系統來因應。例如對擅長外線射籃的球隊，可以厚實前線的戰力；對不擅長外線射籃的球隊，則可以補足籃下週邊的防勢。

區域聯防	# 區域聯防的攻略

POINT 　區域外的外線長射相當有效

　　想要瓦解區域聯防的防線，利用假動作或掩護來製造出 1 對 2 的局面是很重要的。從防守方球員間的空檔中趁隙投出外線射籃，也是相當有效的攻擊。

🏀 針對區域聯防的攻擊模式①

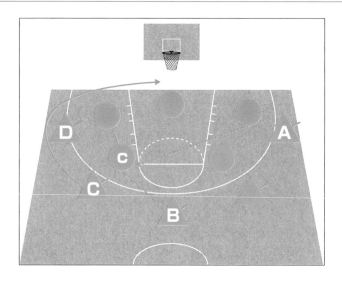

**藉由搶球的動作引誘防守方
並利用空檔伺機投籃**

　　當持球的進攻球員▲無法突破區域聯防時，可以由隊友▲繞過▲的外側切入籃下。為了反應▲的行動，防守球員◎勢必也會開始被誘往籃下。由於這時◎所守的區域就會露出空檔，隊友▲就可以趁機切入這個空檔，並由▲迅速地傳球給▲；而無人防守並接到傳球的▲就可以直接出手投籃。不過在這個時間點上，由於▲距離籃框還有一段相當遠的距離，因此為了讓這個打法能夠付諸實行，擔任▲的球員必須具有這個角色所必需的射籃能力才行。

 針對區域聯防的攻擊模式②

應用攻擊模式①
瓦解區域後方的一角

　　當由Ⓐ持球時，Ⓐ要表現出朝Ⓐ
移動過去接應傳球的動作；而防守
球員ⓒ勢必會被誘往同一個方向。當
ⓒ的防守區域出現空缺，Ⓐ即可趁機
上前接應Ⓐ的傳球，最後一氣呵成
地完成投籃。

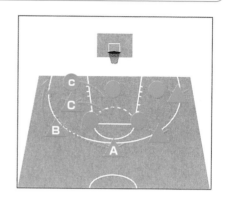

 針對區域聯防的攻擊模式③

以攻向籃下的行動
創造空檔

　　當Ⓐ持球時，由隊友Ⓐ朝籃下
切入。防守球員ⓑ在受到Ⓐ的移動誘
導下，勢必也會往籃下移動。這時
隊友Ⓐ必須抓緊時機，切入這個空
出來的空檔。最後由Ⓐ傳球給Ⓒ，Ⓒ
就可以在無人防守的情況下出手投
籃。

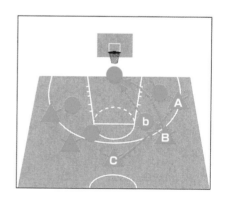

CHECK! 突破區域聯防的缺點！

　　區域聯防有以下的缺點：①在彼
此的守備範圍之間容易出現漏洞，經常
發生被突破而失分的情況。②對於從區
域外發動的外線攻擊因應能力薄弱。

③在佈好隊形前，對進攻方快攻的因應
能力薄弱。④相較於盯人防守，個人的
守備責任比較不明確。

壓迫防守 | # 壓迫防守的方法

POINT　## 以激烈的壓迫搶下球權

　　以強勢的壓迫搶回球權的防守，就是壓迫防守。這種能夠破壞對手的節奏、轉守為攻的積極打法，別名又稱為「攻擊性防守」。

什麼情況下可以實施壓迫防守？

　　當①平均身高較矮的隊伍對上身高較高的球隊時、②對上持球能力、移動能力較弱的球隊時、③想在足以決定勝敗的重要時機截球時，在這些狀況下都可以實施壓迫防守。實施時，必須張臂高舉向對方施加壓迫，重點在於不能讓對方輕易地轉身傳球。

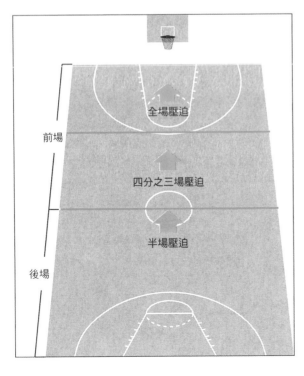

範圍涵蓋整個球場的壓迫防守，屬於全場壓迫；在中線附近進行的，屬於半場壓迫；而在兩者中間一帶所進行的，則稱為四分之三場的壓迫防守。

前場

後場

全場壓迫

四分之三場壓迫

半場壓迫

 1－2－1－1壓迫防守

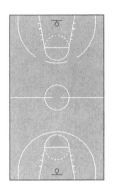

　　1－2－1－1的全場壓迫防守的型態，是從對持球球員製造壓迫的前線開始，到留在己方場區最後方的1名球員，形成一個延伸於中央的縱長隊形。在實施時，最重要的是當受到進攻方從側邊突破時，必須要有迅速回防的移動能力。

 2－2－1壓迫防守

　　前線的2名球員對持球球員做包夾的動作，以製造壓迫並阻斷傳球的路線。這時要注意儘量避免讓對方帶球突破2人之間的空檔。只要阻止對方對己方場區的侵入達8秒以上，就可以誘發對手違例。

CHECK!　壓迫防守的優點在於？

　　壓迫防守具有以下的優點：①成功的時候可以給對手施加龐大的精神壓力。②面對缺乏經驗的球隊時，經常能夠誘發對手的失誤。③可以讓對手在進攻時消耗掉不少時間。④當受到對方主導局勢時，可以有效地逆轉情勢。

壓迫防守　壓迫防守的攻略

POINT　不讓球勢停下來，反過來利用對手的壓迫

　　壓迫防守的目標，就在於「讓對方無法連續行動」、「讓對方無法攻進場中央」。反過來說，只要以連續的攻勢突破中央，就等於破解了壓迫防守。

對壓迫防守的準備

　　由於壓迫防守很容易打亂進攻方的節奏，因此進攻方是否能採取具侵略性的攻勢就顯得十分重要。這時可以積極地帶球往中央或兩側移動，伺機上籃得分。為了因應持球球員Ⓐ受到防守方壓迫的情況，必須有一名球員（Ⓑ）在後方就位接應，讓球不會就此停頓下來。

　　邊線傳球的路線（Ⓒ）、2道中央傳球的路線（Ⓓ、Ⓔ），以及一般稱為後方接應，也就是在緊急時能傳球給後方的路線（Ⓑ）──對於以上這4個方向，Ⓐ必須做好隨時都能夠傳球過去的準備。

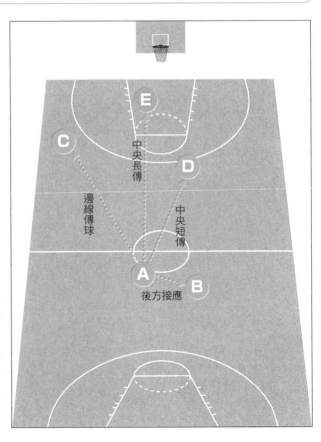

可以破解壓迫防守的隊形（三線快攻）

在邊線發球的情況下，進攻方的另外 4 名球員排成一直線，並在發球後同時行動。持球球員Ⓐ傳球給Ⓒ後，Ⓒ立即將球傳給Ⓔ；而接到傳球的Ⓔ，再傳球給持續往籃下移動的Ⓓ。在防守方被這陣猝不及防的連續傳球擾亂節奏之際，Ⓑ、Ⓒ就可以趁隙從兩側進入前場，於是由Ⓑ、Ⓒ、Ⓓ所構成的三線便可完成快攻的準備。這時最重要的是連續傳球必須正確地執行，避免讓對手在傳球的過程中將球搶走。

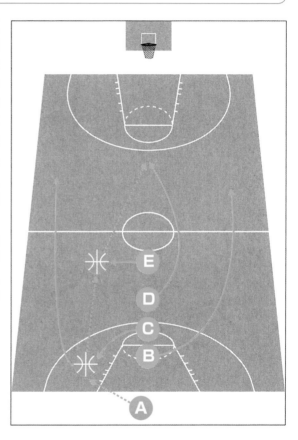

CHECK! **突破壓迫防守的缺點！**

壓迫防守具有以下的缺點：①由於投機性比較高，一旦遭到突破，對方很容易就能直接得分；尤其只要利用長傳，就能輕易製造出人數上的優勢。②由於是比較積極的防守，也因此容易造成防守方的犯規。

團隊攻防的注意事項

最重要的是不斷練習，直到能渾然天成地進行團隊攻防

① 與團隊的步調配合一致

雖說是團隊攻防，倒也不必想得那麼難。所謂的團隊攻防，指的就是所有隊員互相搭配的打法；具體地說，也就是在進攻時互相配合，防守時互相輪轉、補位的意思。只要能夠將團隊攻防做好，就算是憑個人的力量無法匹敵的對手，也可以靠團隊的力量與之抗衡。要實施團隊攻防，最重要的就是團隊的步調必須配合一致；而這就必須藉由平時的練習來培養默契。只要經由不斷的練習與實踐，練到不用思考就能自然而然地發揮默契，應該就能在比賽時展現絕佳的效果。

② 喊話是團隊防守的基本

要贏得球賽，能不能將敵隊的得分控制在最低限度下是很重要的。特別是要透過不斷的練習，好讓團隊防守的能力在短期間內能夠獲得提升；而關鍵就在於與隊友達成心有靈犀的默契。因此，不只是在比賽中，平常練習時也要互相喊話，這一點相當重要。此外，團隊防守的隊形是要選擇盯人防守還是區域聯防？是否要實施壓迫？壓迫時該採取全場壓迫還是半場壓迫？……等等，在決定隊形時，有各式各樣的選項。必須在了解敵隊球員具有什麼樣的特性後，再判斷該採取哪種體系，才能在球賽中佔據優勢的地位。

③ 找出擅長的進攻模式

團隊進攻的重點在於，該怎麼做才能製造出無人防守的狀態。因此，下面這3點就顯得非常重要：①全隊要達成共識、②1對1的能力要強、③要先做好失敗時的退路。所謂的團隊共識，就是在思考要如何行動、如何投籃等問題後，讓這個決定成為全隊共同的目標。透過不斷地付諸實行、不斷地從錯誤中學習，久而久之就能找到自己最擅長的進攻模式。此外，1對1的能力也很重要。要加強團隊進攻，能否靠個人能力突破防線是最基本的要求。最後，事先預備好一個行動失敗時可以「向角落移動」、「向外傳球」等的退路，也是很重要的。

9章

基礎訓練
TRAINING

伸展

伸展運動的種類

POINT 訓練前後都要實施伸展運動！

　　所謂的伸展，就是指拉筋的動作。透過徹底放鬆肌肉，可以達到防止運動傷害、消除疲勞的效果。因此不妨養成在練習或比賽前後實施伸展運動的習慣。

上半身的伸展

肩部

手臂繞到後腦杓，並以另一手推壓手肘，慢慢地伸展肩部。

肩部～上臂①

夾住另一隻手臂，慢慢將上臂從肩膀向內壓，讓肩膀徹底伸展。

肩部～上臂②

單手放在背後，另一手握住手腕，慢慢地拉手伸展。

背部

雙手在身前交叉，環抱雙肩，將肩膀向前拉。

胸部

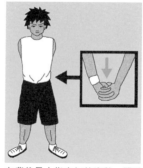

在背後呈十指交扣的姿勢，雙手下拉，讓胸部的肌肉徹底伸展。

手腕

將手腕柔軟地上下拗折，可加強手腕關節的靈活度。

下半身的伸展

腰部①

在仰躺的狀態下，以單腳轉向反側。實施時，上半身要保持緊貼地面。

腰部②

單膝立起，並交叉橫跨過另一隻腳。以手帶動扭轉上半身，藉此伸展腰部的肌肉。

髖關節

以盤坐的姿勢，讓雙腳腳底相合，雙手向下壓膝，以伸展髖關節。

小腿

如圖所示地前後跨步，在後腳腳跟不離地的狀態下，採取前傾的姿勢。

大腿①

在站立的狀態下單腳後抬，以單手撐腳背，並向上提拉。

大腿②

以單腳外伸的姿勢向下蹲。這時伸出的那一腳要保持趾尖朝上的姿勢。

👉 **CHECK!**　正確伸展的重點

①不要採取反彈的方式
　伸展時千萬不可太過用力，否則反而有導致肌肉疼痛或拉傷的可能。

②伴隨吐氣慢慢伸展
　伸展時記得不要閉氣，而應該在拉筋時伴隨著吐氣的動作。

③左右均等地進行伸展
　無關疲勞與否，伸展時應該以左右均等的方式來進行。

學會耍球的動作

POINT　一邊耍球一邊熟悉球感

　　手對球的熟悉度，是決定打球功力的絕大要素。不妨利用這種自己一個人也能單獨進行的耍球練習，拉開與對手的實力差距。

▌繞腰

1 身體站直，於正面持球。

2 注意不要讓球觸及自己的身體。

3 將球繞到背後，並於背後換手持球。

4 向右繞、向左繞，左右兩邊都要練習。

▌繞膝

1 雙腳微蹲，讓球在膝蓋周圍繞行。

2 眼睛不要看球，保持雙眼直視前方。

3 勤加練習直到背後的換手動作流暢為止。

4 向左繞、向右繞，反覆進行兩邊的練習。

繞頭

1 以站立的姿勢,讓球在頭部周圍快速地繞行。

2 保持眼睛直視前方,只靠手感做繞球的動作。

3 在較高位置也能自在控球的能力是很重要的。

4 熟練以後,就可以逐漸加快繞球的速度。

8字迴繞

1 以畫 8 字的方式,持球迴繞於兩膝之間。

2 訣竅在於繞球時儘量不要看球,保持兩眼直視前方。

3 練習到即使加快速度,也不會讓球碰到自己的腳。

4 由前到後、由後到前,快速地進行繞球的動作。

訓練 **體適能訓練①**

POINT 提高打籃球所需的肌力

提升彈跳力的訓練

單腳下蹲

　　下蹲運動是一種不需要使用健身器具，就能鍛鍊整個下半身力量的訓練；對於想要更加重訓練強度的人，則推薦單腳下蹲的運動。首先抬起一隻腳，以單腳站立的姿勢將雙手往前舉，保持身體的平衡；接著伸直上抬的那一腳，直接下蹲並起立。

槓鈴半蹲舉

　　如果有槓鈴可供使用的話，則推薦槓鈴半蹲舉的訓練。首先將槓鈴扛在肩上，背部保持挺直，讓抓握槓鈴的身體儘量張開。接著上半身保持這個姿勢，直接慢慢下蹲，直到大腿部與地面呈平行後，再慢慢回到原來的姿勢。

提升速度的訓練

衝刺＆倒退

以底線為起跑線，全速向前衝刺；抵達中線後再180度轉身，改成以倒退跑的姿勢前進，在面朝前方的狀態下直接向後倒退，一直跑到對場另一端的底線。

3步衝刺

以三重威脅姿勢站穩腳步，起步腳不要退到後面，直接起跑，僅做3步的衝刺。這時不是只做普通的衝刺就好了，而是必須要求自己在第3步時，順勢加速到最高速度。

變形起跑

像是讓腳朝行進方向採取俯臥的姿勢、頭朝行進方向採取仰躺的姿勢，或是面朝行進方向採取跪坐的姿勢……等，以各種不同的姿勢，配合教練的指令，迅速地起身進行衝刺。

提升力量的訓練

伏地挺身

在俯臥的狀態下讓身體保持筆直，雙手置於身體兩側。這時要將手放在與兩肘同寬的位置，進行伏地挺身的動作。當胸部貼向地面時，即計算為一次的動作。

仰臥起坐

身體仰躺，以曲膝狀態來進行。要注意的是，如果在雙膝打直的情況下進行仰臥起坐運動，很容易對腰部造成龐大的負擔，甚至可能會引發腰痛等傷害。

CHECK! 配合目的進行重量訓練

如果要增加肌肉量（增加肌肉纖維的數量），應以最大負重量的70～80%，每10下為一套，一套動作後休息1分鐘，以此為標準，反覆練習至極限為止。而如果要增強力量（加粗每一條肌肉纖維的厚度），則應以60%的負重，儘量快速地進行20下，一套動作後休息3分鐘，反覆進行4次。

訓練 ## 體適能訓練②

POINT 能立見成效的肌力訓練

用彈力帶進行腳踝訓練、以槓鈴進行蹲跳運動，或是舉腳繞圓同時進行單腳下蹲等，都是佐古選手特別推薦的訓練項目。

彈力帶腳踝訓練

這是利用彈力帶所進行的訓練。實施時採取坐姿，將彈力帶掛在一隻腳的腳背上。在彈力帶為腳踝施加阻力的狀態下，前後左右地運動腳踝。這個訓練有助於提升腿力，以及預防腳踝的運動傷害。

槓鈴蹲跳運動

在雙腳跨開的狀態下，壓低重心、手握槓鈴。輕輕地彈跳，同時曲肘舉起槓鈴。這個訓練不只能鍛鍊下半身的瞬間爆發力，同時也能鍛鍊到上半身的力量。

舉腳繞圓單腳下蹲

這是P158所介紹的單腳下蹲的應用型。在單腳下蹲的同時,讓舉起的那一腳做畫圓的動作。藉此不但可以提升平衡感,更可以藉由腰部周圍肌肉的鍛鍊,達到保護腰部避免受到運動傷害的效果。

立姿提踵運動

站在穩定的平台上,讓腳跟突出於平台之外。不要以彈跳的方式,直接踮起腳尖,再慢慢放下腳跟。以10下為一套,每套動作反覆進行2～3次。藉以集中鍛鍊小腿肚的肌肉,可促進彈跳力的提升。

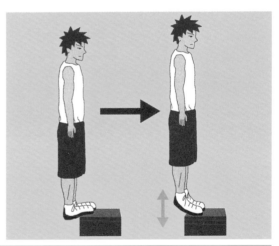

CHECK! 肌力訓練的注意事項

肌力訓練只要做得正確,就可以大幅地提升打球的實力;但千萬不可以對身體加諸過重的負擔。在暖身運動結束後,一開始應以輕度的重量養成正確的姿勢,之後才開始慢慢加重負荷。而在進行重量訓練時,絕對不可以抱著半開玩笑的心態,否則很容易造成攸關選手生涯的意外發生。

成長期的肌力訓練

學會安全的體能訓練與正確的營養管理

① 重量訓練應等到高中以後

到了一定的年齡後，藉助槓鈴等器具來實施訓練，對球員來說是很有效果的。但如果太早就開始接受重量訓練，可能會導致長不高等情況，而阻礙自然的成長發育（關於肌力訓練最好能請教專門的醫師）。基本上，中學以前請不要使用任何器材，只要利用自己本身的體重進行訓練即可。在這個時期最重要的，就是培養出正確的訓練姿勢。等上了高中以後，再加入器具的訓練，讓肌力均衡地提升。當然，這時絕對不可以突然地對肌肉施以過重的負荷，必須循序漸進地從輕度的重量開始才行。

② 訓練的營養學

由於籃球這門運動的勝敗與體格及身體能力大大有關，因此攝取均衡的飲食來強健自己的體魄，或許也可以說是訓練的一環。運動員的飲食必須遵守兩大原則：①每天三餐定時定量、②避免攝取過多的甜食或果汁。米飯、麵包等碳水化合物是熱量的來源，蔬菜、水果所含的維生素可維持健康的身體狀況；而牛奶或小魚乾等所含的鈣質，則具有促進成長發育的作用。

③ 促進肌肉再生的蛋白質

在所有的營養素中，最需要特別注意的就屬蛋白質了。在訓練後30分鐘以內攝取蛋白質，能夠有效促進肌肉的再生，而具有提升肌力的效果。一般而言，職業選手最好能每天攝取體重的500分之1（若以體重60kg來計算，一天為120g）的蛋白質（業餘球員則不需要攝取那麼多，只要以職業選手的2/3為標準即可）。順帶一提，我們平時所食用的肉類，平均每100g大約含有20g的蛋白質。因此，如果缺乏營養學的知識而想要每天攝取120g的蛋白質，很容易造成脂肪過多的問題。為了因應這個問題，使用高蛋白等營養補充食品也是不錯的選擇。無論如何，在訓練前後攝取均衡而充分的飲食，都能有效促進肌力的提升。

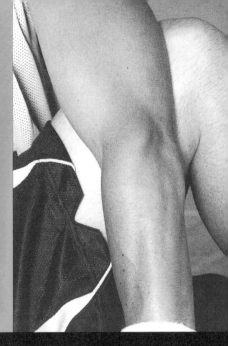

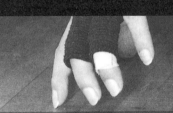

10

身體的養護
CARE & MAINTAINANCE

身體養護的意義與重要性

POINT 避免傷害、享受打球的樂趣！

運動中所引起的突發性傷害，稱為運動傷害；而因反覆的練習或過度訓練所導致的慢性惡化症狀，則稱為運動障礙。

主要的運動傷害

指節關節脫臼	俗稱「吃蘿蔔乾」的遠端指節關節脫臼，是當指端受到球的撞擊，或是因為跌倒而以指端戳地時，非常容易引起的外傷。「拉一拉就會好」是一個錯誤的迷思，請絕對不要冒然行動。重要的是必須為患部冰敷足夠的時間和次數。如果有腫痛不消的情況，應該前往醫院接受治療。
腳踝扭傷	這是當腳踝在伸直的情況下，因為劇烈的內翻動作而造成韌帶損傷的狀態。這時請為腳踝進行冰敷，並以彈性繃帶等來固定患部。如果踝關節有搖晃的情況，就表示關節不只是損傷，而是斷裂了。這時切勿耽擱，請儘快前往專科門診接受治療。
骨折	骨折有因為運球不當所引起的手指骨折、跌倒所引起的手臂骨折等各種不同的情況。而籃球運動由於容易對雙腳造成負擔，因此也經常發生脛骨的疲勞性骨折。當發生骨折時，基本的急救處置是固定、冰敷。

主要的運動障礙

膝韌帶炎	俗稱「跳躍膝」的膝韌帶炎，是一種因為反覆性的跳躍所引發的運動障礙。由於大腿的肌力不足或疲勞等，導致位於膝蓋骨下方的韌帶產生疼痛的情況。急救時須給予充分的冰敷與伸展。如果沒有改善的跡象，應該接受專科門診的治療。
脛突牽引骨膜炎	主要的症狀是運動時膝蓋前方部分會發生腫痛的情形，好發於小學高年級到國中生的年紀。一般認為致病原因是「過度使用症候群」。這時只要確實地為股四頭肌進行伸展與冰敷的動作，就能使症狀大為減輕。脛突牽引骨膜炎所引發的疼痛，會隨著成長期骨骼發育的結束而一併消失。

急救處理的方法（R‧I‧C‧E）

急救處理時所必需的 4 個步驟，簡稱為 R‧I‧C‧E。只要正確地進行這些急救的處置，就能促進患部的痊癒。

Rest：休息·················· 將患部確實固定，避免移動

Ice：冰敷····················· 以冰水讓患部確實地冷卻、降溫

Compression：壓迫········· 以繃帶等壓迫患部

Elevation：抬高············ 將患部抬到高於心臟的位置

運動傷害、運動障礙的預防

如果成天為運動傷害或運動障礙提心吊膽，是無法放手施展球技的。只要事先做好充足的準備，就能大幅降低運動傷害的發生率。尤其伸展運動可以提高肌肉的柔軟度，預防意外傷害的發生。不只是練習前的熱身，練習後的緩和運動裡不妨也加入伸展運動吧！

 **CHECK!** 運動障礙發生後的處理

當發生運動障礙時，向專科醫師諮詢、分析致傷的原因是很重要的。舉例來說，如果原因是出在特定的練習或動作，就必須改善練習的方式或姿勢；如果原因是出在過度的練習，就需要給予適度的休息。此外，為障礙部位做耐力強化的訓練，也不失為一個有效的方式。

佐古賢一的體況管理術

POINT ## 為了維持長遠的籃球生涯

　　根據不同的年齡和體力，調整身體狀態的方法也是形形色色。想必有很多人都不知道該從何開始著手吧？這一節所要介紹的，就是佐古選手本身所採行的體況管理術。不妨參考佐古選手的建議，找出最佳的體況管理方法。

🏀 飲食方面的管理

　　要維持最佳的身體狀態，「攝取均衡的飲食」是所有條件中最重要的。特別是豆腐、納豆等大豆製品，由於含有豐富的優質蛋白質，因此我個人每天都一定會吃。此外，我也會食用高蛋白的營養補充品，不過要注意的是，必須讓身體肌肉經過某程度的鍛鍊，並在效果開始出來後使用，否則如果訓練不足、身體脂肪量偏高的話，那麼不論攝取多麼高營養的優質蛋白質也沒有效果。

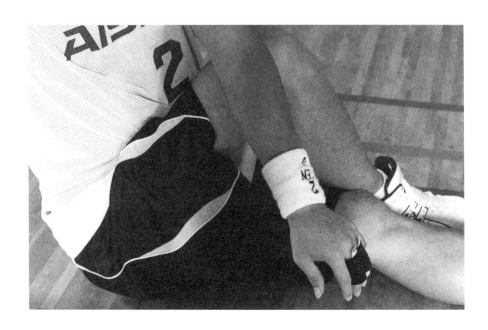

設定最佳的體脂肪率

　　在20歲之前或許不是多大的問題，但進入30歲以後，光是為了減重 1 公斤，就得要耗費龐大的勞力。體重如果過重的話，很容易對膝蓋等關節造成多餘的負擔，久而久之甚至會演變成慢性的關節問題。

　　話雖如此，胡亂地節食、減重，反而可能會減掉重要的肌肉。這時最一目瞭然的基準就是體脂肪率了。以我個人而言，這幾年的體脂肪率都保持在10%左右。

練習後不忘冰敷

　　我在每次的練習或比賽後，一定會在肩膀及膝蓋進行冰敷的動作。如果沒有冰敷的用品，就到便利商店買一些冰塊，用保鮮膜把冰塊包起來後使用。冰敷可以為劇烈運動後的身體達到降溫的效果，具有恢復身體狀態的作用。

　　要注意的是，不要讓身體冰過頭了。關鍵在於冰敷時，只要敷到感覺肌肉比較緊張的部分已經變涼了，就可以適可而止了。

 CHECK! 運動與飲食的關係

　　除了組成肌肉最基本的蛋白質之外，其他的營養素也是不可或缺的。經過比賽或練習的劇烈運動後，會開始感到肌肉疲勞、全身乏力，這是因為糖分、維生素等營養素的急劇消耗所致；而打球的表現力降低、無法發揮實力，也可能是因為大量流汗而導致水分不足所致，因此最好能在開始活動前大約30分鐘時，先喝 1 ～ 2 杯的水。

佐古賢一選手簡介

【1989】 ──日本代表隊──
馬尼拉亞洲青年賽　第4名

【1991】 ──日本代表隊──
神戶亞洲籃球賽　第3名

【1993】 ──五十鈴汽車──
進入五十鈴汽車籃球隊
第27屆JBL　助攻王
──日本代表隊──
雅加達亞洲籃球賽　第7名
上海東亞運動會　第5名

【1994】 ──五十鈴汽車──
第69屆全日本綜合錦標賽　冠軍
第28屆JBL　助攻王
──日本代表隊──
廣島亞洲運動會　第3名

【1995】 ──五十鈴汽車──
第29屆JBL　冠軍
年度MVP／最佳5人
──日本代表隊──
首爾亞洲籃球賽　第3名
福岡世界大學運動會　第2名

【1996】 ──五十鈴汽車──
第71屆全日本綜合錦標賽　冠軍
第30屆JBL　冠軍
年度MVP／最佳5人
──日本代表隊──
馬尼拉亞洲冠軍盃賽　第2名

【1997】 ──五十鈴汽車──
第31屆JBL　冠軍
最佳5人／3分王
──日本代表隊──
利雅德亞洲籃球賽　第2名
釜山東亞運動會　第5名

【1998】 ──五十鈴汽車──
第73屆全日本綜合錦標賽　冠軍
第32屆JBL　冠軍
最佳5人
──日本代表隊──
希臘世界錦標賽　第14名
瓊斯盃　第4名

【1999】 ──五十鈴汽車──
第74屆全日本綜合錦標賽　冠軍
第33屆JBL　亞軍
最佳5人
──日本代表隊──
福岡亞洲籃球賽　第5名

【2000】 ──五十鈴汽車──
第34屆JBL　冠軍
年度MVP／最佳5人
──日本代表隊──
瓊斯盃　第5名
2000年亞洲職業籃球挑戰賽　第5名

【2001】 ──五十鈴汽車──
第76屆全日本綜合錦標賽　冠軍
JBL SUPER LEAGE 2001－2002　亞軍
最佳5人／3分王

【2002】 ──愛信精機──
轉入愛信精機
──職業球員宣言──
正式向團法人日本籃球協會
登錄為職業球員

【2003】 ──愛信精機──
第78屆全日本綜合錦標賽　冠軍
JBL SUPER LEAGE 2002－2003　冠軍
最佳5人

【2004】 ──愛信精機──
第79屆全日本綜合錦標賽　冠軍
JBL SUPER LEAGE 2003－2004　冠軍
最佳5人（9年蟬連）
罰球王

【2005】 ──愛信精機──
第80屆全日本綜合錦標賽　冠軍

佐古選手的個人詳細資料
都在官方網站 sakoken.net！

除了可以看到佐古選手的熱門網誌「From Ken」，更收錄了比賽結果、相簿、媒體作品資訊等充實的內容。還可以在這裡報名佐古選手於日本各地舉辦的籃球講座。此外，也不要錯過「Guest Room」中，五十嵐圭選手、荻原美樹子選手等豪華的訪客陣容，談談他們眼中所認識的佐古選手。

http://www.sakoken.net/

日文原著工作人員

●書籍製作
編輯協力、設計：千葉慶博／飯塚一行／大河內博雄／加藤智子／田中剛
（株式會社K-Writer's Club）
ＤＴＰ：株式會社明昌堂
插圖：湯本祐
攝影：薦野裕（株式會社Studio Atom）

攝影協力：株式會社Molten

國家圖書館出版品預行編目資料

籃球完全稱霸 / 佐古賢一著；陳禹昕譯. -- 二版.

-- 新北市：漢欣文化, 2020.01

176面；21x15公分. -- (運動達人；1)

ISBN 978-957-686-787-3(平裝)

1. 籃球

528.952 108021249

定價260元

運動達人 1

籃球 完全稱霸 (暢銷版)

作　　著 / 佐古賢一

譯　　者 / 陳禹昕

出 版 者 / 漢欣文化事業有限公司

地　　址 / 新北市板橋區板新路206號3樓

電　　話 / 02-8953-9611

傳　　真 / 02-8952-4084

郵 撥 帳 號 / 05837599 漢欣文化事業有限公司

電 子 郵 件 / hsbookse@gmail.com

二 版 一 刷 /2020年1月

本書如有缺頁、破損或裝訂錯誤，請寄回更換

● 作者介紹

佐古 賢一（Sako Kenichi）

前愛信海馬隊　控球後衛

1970年7月17日生。小學三年級時開始接觸籃球。北陸高中三年級時，擊敗籃球名校──能代工業高中，勇奪高中聯賽冠軍。中央大學三年級時進入日本代表隊。1993年進入五十鈴汽車，以主力選手的身分活躍於籃壇。包含轉入愛信精機後的戰績在內，總共7度贏得全日本綜合錦標賽冠軍、7度贏得JBL（日本超級籃球聯賽）冠軍。在日本代表隊中，連續11年扮演著球隊核心的角色，更帶領全隊打進了睽違31年的世界錦標賽。2002年隨著五十鈴汽車球隊的解散，轉入愛信精機「愛信海馬隊」，同時正式成為職業球員。以其豐富的經驗為基礎，目前正廣泛從事於以籃球為主的運動推廣活動。201□年3月退休。

【示範協力】

小宮 邦夫（Komiya Kunio）

前愛信海馬隊　後衛型前鋒

1975年1月10日生。1997年進入大和證券Hot Brizzards隊，歷時3年；2000年進入新潟天鵝隊，歷時1年；2001年進入日立太陽搖滾者隊，歷時2年；經常扮演軸心球員的角色。2003年加入愛信精機隊，擅長Running Play打法，擔任隊長的角色領導全隊。

『籃球完全稱霸』附錄

籃球的
比賽規則 & 必勝戰法

漢欣文化事業有限公司

比賽的基本規則

為了更能享受打球的樂趣，也為了提升得分的效率，請先牢記基本的比賽規則！

比賽時間

每場比賽分為 4 節，每節各10分鐘（中學生為各 8 分鐘）。在第 1、2 節之間以及第 3、4 節之間，各有 2 分鐘的休息時間；第 2、3 節之間則設有10分鐘（視主辦單位規定，也可設為15分鐘）的中場休息。而當兩隊平手時，即進入以 5 分鐘（中學生為 3 分鐘）為單位的延長賽；如果時間結束時仍不分勝負，就必須在 2 分鐘的休息時間後，繼續比下一場延長賽，以此類推直到分出勝負為止。

隊員的組成

上場球員 5 人、候補球員 7 人，1隊共12人（視主辦單位規定，有時可超過12人）。此外，在場上的 5 人之中，必須決定 1 人為隊長。

活球＆死球

比賽中仍持續計時的狀態稱為活球，停止計時的狀態則稱為死球。基本上，當裁判把球交到球員手上的那一刻開始即為活球，球進籃的當下即為死球。

比賽時間	上半場			中場休息	下半場			暫停	延長賽		
	第1節	間隔休息	第2節		第3節	間隔休息	第4節		第1延長賽	間隔休息	第2延長賽
高中以上	10分	2分	10分	10分or15分	10分	2分	10分	2分	5分	2分	5分
中學生	8分	1分	8分	10分	8分	1分	8分	2分	3分	2分	3分

比賽開始

比賽會在球場中圈內隨著雙方進行跳球的動作而開始。兩隊各派 1 名跳球員，各自站在己方後場這方的中圈半圓內，等待站在中央的裁判將球垂直拋起。待球轉為落下的狀態後，從跳球員起跳到空中撥球的這一刻開始，球即為活球。

得分的種類

得分的種類有 3 種。從 3 分線外進籃為 3 分，在 3 分線內進籃為 2 分，而罰球進籃則為 1 分。

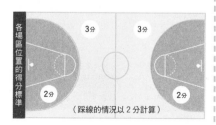

各場區位置的得分標準

3分　3分

2分　2分

（踩線的情況以 2 分計算）

替換球員

不同於足球，籃球可以不限次數地替換球員。換人時，在要下場的球員本身向記錄台提出申請，待球進入死球狀態後，即可依裁判的指示進行換人。此外，如果球員因為 5 犯或受傷而退場時，也必須換上替補的球員。

請求暫停

在比賽中，兩隊在上半場（第 1 和第 2 節）有 2 次、下半場（第 3 和第 4 節）有 3 次，合計共 5 次的機會可以爭取擬定戰術的時間，這就稱為請求暫停。每次暫停的時間為 1 分鐘，若是運用時機得當，也可能對戰局投下不小的影響。暫停的時間點為，教練向記錄台請求暫停後，待球成死球的當下開始起算。

受傷的時候

當球員在比賽中受傷的時候，由裁判暫停比賽，可視為請求暫停。

什麼是犯規？

犯規有 2 種，一種為球員之間的肢體接觸所引起的一般違規（侵人犯規），另一種則為連同場外的教練和球員也適用的違反運動道德犯規（技術犯規）。

阻擋犯規＆撞人犯規

當守方用身體阻擋對方的前進，或是攻方衝進守方的守備位置而發生衝撞時，都會被判為犯規。

推人犯規

用手推開對方，或是在防守時用身體（軀幹或肩膀等）推擠對方，都會構成推人犯規。

拉人犯規

所謂的拉人犯規，是指對「拉扯」的行為所判的犯規。例如對對方做出拉手，或是從背後抱人這類糾纏的動作等。

非法掩護

實施掩護後，並未保持雙腳站定的靜止狀態，反而持續前進，或是用上半身阻礙對方的行動等，這類不當的掩護都屬於犯規動作。

拉人！

推人！

NG! 不當掩護！

⛹ 非法手部動作

像是拉人、打人等,任何用手阻礙對方動作的犯規行為,統稱為非法手部動作。要是程度更嚴重的話,就會演變成推人或拉人犯規。

⛹ 5 犯退場

整場比賽下來,當一名球員犯規滿 5 次(不論侵人犯規或技術犯規),該名球員就必須退場,換其他的球員上場替補。

⛹ 雙方犯規

雙方犯規,指的是兩隊的球員幾乎同時發生侵人犯規的情況。這時,應對雙方球員各判一次犯規。

⛹ 全隊犯規

在 1 節內,當同一球隊犯滿 4 次後,從第 5 次犯規開始,每次的犯規都必須給對方球隊加罰 2 次的罰球。

技術犯規

技術犯規指的是當隊長以外的球員對裁判提出抗議,或是口出惡言、從板凳區大聲奚落等,出現違反運動家精神的行為時所判的犯規。

奚落 惡言 NG!

什麼是違例？

指的是在球的打法或時間的規則上，不屬於犯規卻不被允許的行為。一旦發生違例，球權將轉移到對方球隊手上，並在邊線發球後繼續開始比賽。

● 3秒違例

當進攻方的球員在對方的禁區內停留3秒以上，即適用3秒違例。不過，當球還在己方後場時則不適用。

● 5秒違例

當持球的球員完全沒有任何傳球、運球、投籃的動作達5秒以上，即適用5秒違例。在罰球、邊線發球的情況下也同樣適用。

● 8秒違例

當進攻方在己方後場持球時，從持球的時間點開始算起，未在8秒內帶球過半場的狀態，即適用8秒違例。

● 24秒違例

從進攻球隊持球的時間點開始算起，必須在24秒內出手投籃；如果正當第24秒時出手了卻沒有碰到籃框，也適用24秒違例。

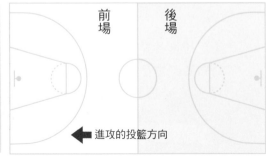

進攻的投籃方向

⬤ 出界

指的是球出場外，或是碰到籃板背面或支架的情況。這時必須用邊線發球的方式繼續開始比賽。

⬤ 踩線

指的是在持球時踩到或跨出底線、邊線的情況。

⬤ 帶球走步

指的是持球時走了 3 步以上，或是軸心腳有移動的情況。

⬤ 兩次運球

指的是運球的動作結束後，又再度運球的情況。

⬤ 腳踢球

指的是在比賽進行中，故意用腳踢球或擋球的情況。

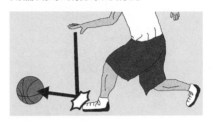

⬤ 球回後場

指的是當進攻球隊已經將球帶進前場後，又將球傳回或運回後場的情況。

⬤ 妨礙中籃 & 干擾球

指的是在球即將進籃前，在籃框之上的位置碰到球的情況。

⬤ 跳球違例

指的是裁判拋球後，還未轉為落下狀態前就撥到球的情況。

其他的規則

在籃球運動中，還有一些比賽時不可不知的規則。不妨記下所有的規則，將比賽推向有利的方向，朝勝利邁進！

關於罰球

當我們在投籃動作中如果遭到對方犯規的話，成功進籃時罰1球、在2分區投籃失敗時罰2球、在3分區失敗時則罰3球。除了技術犯規和球員受傷的情況之外，皆由遭到犯規的球員本人擔任罰球員。

🏀 罰球的規定 1

◆ 遭到技術犯規時，由隊長指定罰球員；而當球員受傷時，則由替補的球員進行罰球。

◆ 罰球員從裁判手上接到球後，必須在5秒以內出手投籃。否則一旦構成違例，進籃就算無效。

🏀 罰球的規定 2

◆罰球時，配置於罰球區的人數
　為罰球方 2 人、防守方 3 人，
　其中距離籃框最近的位置，左
　右兩側皆為防守方的球員。

◆其餘的 4 人，在罰球動作結束
　前都必須保持在 3 分線外，且
　不可站在超過罰球線的延長線
　之外的位置。

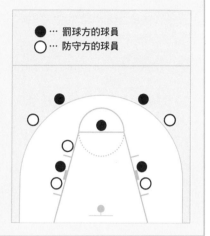

● … 罰球方的球員
○ … 防守方的球員

比賽的勝負

由得分較多的一隊獲勝。此外，
因為 5 犯退場或受傷等因素導
致上場人數不足 2 人時，或是因
為拒絕繼續比賽而罷賽時，即以
20 比 0 的比數判定該隊輸球。

比賽結束

如果在時間結束前出手，信號響
起時球正在空中，只要該球進
籃，即算得分；要是在投籃時遭
到犯規，同樣可以得到罰球的機
會。

2 裁判的手勢

認識裁判的
指示與信號！

◆ 得2分

◆ 得3分

◆ 得分不算

◆ 暫停

◆ 犯規停止計時

◆ 計時開始

◆ 請求暫停

◆ 球員換人

◆ 帶球走步

◆ 兩次運球

◆ 3秒違例

◆ 5秒違例

◆ 8秒違例

◆ 24秒違例

當比賽中發生犯規或違例等情況時，負責對球賽進行判定的裁判會以各種不同的手勢表示判定的內容。

◆球回後場　◆比賽進行方向　◆跳球狀況　◆阻擋犯規

◆撞人犯規　◆推人犯規　◆非法手部動作　◆拉人犯規

◆進攻犯規　◆雙方犯規　◆技術犯規　◆犯規不罰球時

◆罰2球（在禁區內）　◆罰1球（在禁區外）　◆罰2球（在禁區外）　◆罰3球（在禁區外）

因時制宜

能讓你在場上致勝的良心建議！

一旦開始接觸籃球，就會陸陸續續產生許多疑惑與問題。對於這樣的心聲，佐古選手將根據自己過去的經驗，給予最有益的建議！

練習篇

 CASE 要怎麼練習才能讓球技進步？

A 需要的是以良好的習慣來進行練習。所謂良好的習慣，也就是利用像本書這樣的工具書培養正確的觀念，或是注意聆聽教練或隊友所說的話。除了自己的想法，還要能廣納各種意見，並從中選擇最適合自己的方式，這樣的練習方式才是最能讓人進步的做法。

 CASE 面對在練習時嘻笑打鬧的隊員該怎麼辦？

A 我認為既然是夥伴，尊重每個人的個性再來應對或許會比較好。畢竟球隊是個體的集合體，我們的主張不一定就是真理，但如果已經為球隊帶來負面的影響時，警惕對方也是一種關愛的方式喔！

 CASE 為什麼我的實力相當於正規球員，卻老是只能當候補？

A 是誰說「實力相當於正規球員」的呢？大概都是自己認定的吧！如果自己給自己打分數的話，以後就不會再進步了。深信自己的實力相當於正規球員這件事，就讓你已經輸了。實力應該是由他人來評斷的，只要認清這一點，相信自己並努力練習，開花結果的那一刻終究會來臨的。

A 應該抱著「練習時成功10次，比賽時只可能成功1次」的態度，平常就要勤加練習。不過，在比賽中勇於挑戰新的嘗試，也是非常重要的心態。如果什麼都不敢做，就不會有進步的機會；萬一失敗，只要再練習就可以了。

A 有人說，喊話是球隊的第6個隊員。對團隊運動來說，整體的聯繫性是很重要的，透過喊話的傳達，不僅可以避免出現失誤，更可以讓整體的行動發揮最佳的效果。

後面！

A 要是太過勉強的話，可能會讓傷勢惡化，所以應該要好好休養才是。最重要的是要調整好心態，等傷勢復原後，付出比別人多1.5倍的努力，以補回受傷期間的進度。

A 擁有夢想和目標是很重要的。夢想不會只有一個，同樣地，不論是球隊還是個人，也不用硬將目標限縮為一個。不妨坦然地提出所有想完成的事，從比較可行的目標開始一步步地執行，就能讓夢想慢慢實現了。

賽前篇

 CASE 比賽前心情會變得很緊張⋯⋯

A 其實「緊張」這件事本身並沒有什麼不好，相反地，正因為緊張，才更能讓人提高集中力，所以保有適度的緊張反而是好的。為此，我們應該先坦然地接受緊張的自己。不妨先從這一點開始做起吧！

 CASE 腦中浮現出不好的回憶而開始怯場了起來⋯⋯

A 這個時候，只要同時回想起好的回憶就可以了。只要訓練自己不論面對任何情況，都能想起以往成功的經驗，就漸漸不會再怯場了。

賽中篇

 CASE 對手好像很強⋯⋯

A 這就是因為練習不足所導致的。自信這種東西，是需要透過練習才能建立起來的。即使兩隊的實力有一段差距，但最重要的是要抱著豁出去給對手一記痛擊的決心！

 CASE 球員都是單打獨鬥型的，導致全隊缺乏一貫性⋯⋯

A 這就是因為沒有隊長的關係。當發現這種情形時，就應該自己扮演隊長的角色，和全隊討論這個問題。提出每個人的意見，溝通所有的問題，直到歸納出一個大家都能接受的結論為止。

 CASE 一旦被對方領先，就會開始心生放棄⋯⋯

A 這也是個需要由全隊一起來解決的問題。畢竟自己一個人再怎麼拚也是有限度的，不妨大家開個會，將全隊的想法整合出一個共識。

CASE 因為犯規數的問題而讓球隊的戰力萎縮……

A 一旦有人犯滿離場，對球隊將是一大傷害，實在是讓人傷腦筋。甚至還有一種戰術，就是誘使對方犯規來封鎖攻勢的，因此不能不提防。一旦接近5犯就已經來不及了，所以最重要的是，在被逼到走投無路前一定要克制自己以避免犯規。

CASE 有時會茫然不知下一步該採取什麼行動……

A 訓練自己即使在重要的比賽中失誤而腦中一片空白時，也要告訴自己「沒關係！我要振作！」而以堅定的意志力繼續打球是很重要的。

賽後篇

CASE 輸球時……

A 輸球時最重要的，就是坦然接受自己實力不足的事實。不要歸咎於裁判不公，或是將責任推到別人身上，因為就算找盡各種理由來否認失敗，也不會有任何建設性。唯有冷靜地分析原因並修正問題，才能從中成長、繼續前進。

CASE 贏球時……

A 當贏球時，更是一個反省的機會，畢竟就算獲勝，也不見得整場的表現都是完美無缺的。輸贏之間不過只有一線之隔而已，因此不妨把目標放在提升實力吧！

BASKET BALL